KB067637

나는 왜 남들 앞에만 서면 떨릴까?

정신과 의사 윤닥의
발표불안·무대공포증 실전 가이드

나는 왜
남들 앞에만 서면
떨릴까?

—— 윤닥 지음 ——

올림

말은 할수록 어렵다. 뇌에서 입까지 거리는 한 뼘이 채 안 되는데, 생각이 말로 변환되는 과정은 참으로 복잡하다. 듣는 사람이 많을수록 그 거리는 더 길어지고 난해해진다. 매일 하는 말도 많은 사람들이 나에게 주목하고 있다는 생각이 들면 긴장되고, 심지어 불안해질 때도 있다. 끝을 올렸는지 내렸는지, 간단한 말이 왜 이리도 어려운지, 오만 가지 생각이 머리를 스친다. 왜 이렇게 가슴은 쿵쾅거리고, 손에 땀은 나는지….

이 책을 통해 사람들 앞에서 떨리는 이유가 '생각'임을 알게 되었다. '발표 잘하는 법' 혹은 '말 잘하는 법'에 대한 책을 아무리 읽어봐도 연습과 자신감을 키우라는 말밖에는 없는데, 이 책은 다르다. 윤닥의 말처럼 발표를 잘하기 위해서는 먼저 불안의 근본 원인을 알아야 하지 않을까?

신아영_아나운서

음악하는 사람치고 인데놀이라는 약을 모르는 사람이 별로 없을 것이다. 내가 가르치는 학생들 가운데도 무대에 오르기 전에 인데놀을 복용하는 경우가 많다. 이 책에는 약에만 의존하지 않고 무대 공포증의 원인을 과학적으로 이해하고 극복할 수 있는 방법이 자세하게 소개되어 있어서 학생들에게도 꼭 읽어보라고 권하고 싶다. 게다가 무대를 두려워하는 제자를 둔 선생님들을 위한 정보까지 제공해주니 참 고마운 책이다.

김석란_피아니스트

골프를 흔히 '멘털 스포츠'라고 한다. 그만큼 심리적인 면이 중요하다는 얘기다. 일반인은 물론이고 선수들도 연습할 때는 잘하는데 실전에서는 약한 경우가 흔하다. 특히 경험이 많지 않은 선수들은 갤러리의 주목을 받으면 자연히 긴장하게 되고, 심하면 불안해져서 실력을 발휘하지 못하는 경우가 종종 있다. '연습 때는 열심히 실력을 키우고, 실전에서는 제 실력의 80퍼센트 정도 발휘한다는 생각으로 무대에 오르면 오히려 결과가 좋을 것'이라는 윤닥의 말이 와닿는다. 동료와 후배들에게도 일독을 권하고 싶은 책이다.

김다나_프로 골퍼

방송 기자가 되기 전에는 몰랐다. 마이크 앞에만 서면 나도 모르게 떨린다는 것을. 지금은 많이 극복한 편이지만 생방송이든 녹화방송이든 긴장되는 건 아직도 마찬가지다.

친구들끼리 있을 때는 아주 말을 잘하는데 모르는 사람들 앞에 서면 긴장해서 말을 잘 못하는 사람들이 적지 않다. 방송 기자가 아니더라도 직장생활을 하는 사람이라면 남 앞에서 '발표'를 제대로 못하면 성공하기 어렵다. 그런 사람들에게 이 책을 권한다. 정신과 전문의가 쓴 글이어서인지 설명이 매우 과학적이다. 술술 잘 읽힌다. 자기계발서로도 손색이 없어 보인다.

김대홍_ KBS 시사기획 '창' 팀장

실은 무대에 서는 저도 자주 불안합니다. 불안을 느낀다는 사실을 남들에게 들키면 안 된다고 생각해서 더 불안했던 것 같습니다. 하지만 이 책을 통해 불안이 항상 나쁜 것만은 아니며, 때로는 꼭 필요한 감정이라는 사실을 알게 되어 기쁩니다. 불안하다고 해서 반드시 불행한 것이 아님을 여러분들도 이 책을 통해 깨닫길 바랍니다.

유세윤_개그맨

"말 잘하는 사람치고 일 잘하는 사람 없다."
오랜 세월 직장 생활을 해오면서 굳어진 나의 경험칙이다. 천성이 내성적이고 달변이 아니기에 내 실력의 60%만 발휘되면 만족하면서 살아왔다. 많은 직원들과 함께 일하면서도 발표 잘하거나 말이 많은 사람들보다는 어눌하면서 뒤꽁무니 빼는 친구들에게 신경을 많이 써왔다. 지금까지 '발표불안증'이나 '무대공포증'은 재능처럼 타고 나는 것이라 생각했다. 고칠 방법이 없으니, 애써 60%에 겨우 만족하면서 살아왔던 것이다.

근래에 인지과학의 발달이 IT 분야의 인공지능 개발에 큰 성과를 거두면서, 심리학에서도 정신과 치료에서도 인지행동치료가 도입되었다. 어느 분야에서나 최신의 개척 분야이다. 윤닥은 나에게는 새로운 것에 대한 학자적인 호기심을 가지고 끊임없이 공부하고 실험해 보고자 하는 과학자처럼 보인다. 그 왕성한 실험의 보고서가 이 책이 아닐까 한다. 타고난 무대공포증도 이제는 훈련에 의해서 고쳐지는 모양이다. 발표불안 때문에 제대로 능력 발휘를 못하고 있는 모든 직장인들에게 희소식이다.

김양신, 백일승_벤처기업인(조이시티 창업자)

「나는 왜 남들 앞에만 서면 떨릴까」
사용 설명서

"어떻게 이렇게 단기간에 좋아질 수가 있나요?"

필자의 발표불안과 무대공포증 극복 프로그램에 참여한 분들에게서 자주 듣는 이야기다. 짧게는 몇 년에서 길게는 몇십 년 동안 자신을 괴롭히던 증세에서 불과 몇 주 만에 해방되기 시작했으니 신기하게 느껴지는 것 같다. 혹시 자신에게만 일어나는 특별한 마법 같은 일이 아닌지 궁금하다고 하기도 한다. 당연한 이야기지만, 필자의 프로그램은 과학적인 방법에 기반을 둔 것이기 때문에 특별한 사람에게만 효과가 있는 것이 아니다.

누구나 불안을 극복할 수 있다. 이를 위해서는 먼저 인지행동치료를 이해하고 배워야 한다. 이 치료법은 많은 사람이 이용할 수 있도록 최근 보험 적용이 가능해졌을 정도로 이미 정신의학에서 효과가 검증된 방법이다.

그러나 현실적으로는 문제가 있다. 발표불안과 무대공포증 극복만을 위해서 병원을 찾는 것이 쉽지 않고, 병원에서 짧은 시간 동안에 방대한 양의 지식을 배우고 적용하기도 결코 쉽지 않다. 필자는 병원 밖에서 강연과 교육을 하고 있지만, 이 역시 시간과 장소의 한계가 있어서 이 책을 썼다. 이 책을 통해 많은 사람이 인지행동치료를 배우고 그것을 기반으로 발표불안과 무대공포증을 극복하는 방법을 배울 수 있도록 하였다.

이 책의 기본 원리는 불안을 유발하는 생각을 찾아 바꾸고, 불안이 조절

1–3장	발표불안과 무대공포증이란 어떤 것인지를 밝히고, 떨릴 때 느끼는 감정과 신체증상에 대해 과학적으로 분석한다.
4장	불안의 원인이 결국은 생각의 오류에서 오는 것임을 밝힌다.
5장	인지행동치료와 수용전념치료 등 구체적인 극복 방법을 소개한다.
6–7장	각각 직장인과 음악인들의 무대공포증의 거의 모든 것을 소개한다.
8장	5주 프로그램의 실전 가이드북으로, 실제로 교육에 참여하신 분들의 워크북으로 이용된다.

된다는 사실을 직접 체험하도록 도와주는 것이다.

이 책을 읽는 가장 좋은 방법은 물론 순서대로 읽는 것이지만, 자신의 특성에 맞는 내용을 골라 먼저 읽어도 좋다. 남들 앞에서 떨릴 때마다 언제든 활용할 수 있는 가이드북이 되었으면 한다.

자, 이제 준비는 끝났다. 책을 읽고 적극적으로 실천하자. 무대공포증에 대해 이해하고 행동을 시작하는 순간 변화가 시작된다.

여러분 모두 무대에서 행복해지기를!

정신과 의사도 떨린다

두 아들의 아버지가 된 지금, 뒤돌아보면 별 생각 없이 신나게 뛰놀던 초등학교 시절이 그립기도 하다. 그때는 요즘 아이들처럼 해야 할 공부도, 가야 할 학원도 많지 않았다. 운동장에서 신나게 공을 차며 뛰놀다 시원한 아이스크림 하나 먹으면 모든 게 행복했던 시절이었다.

하지만 초등학생 때도 매번 피하고 싶은 순간이 있었다. 그것은 바로 새 학기가 되어 친구들 앞에서 자기소개를 하거나 반장선거에 출마해서 '정견 발표'를 해야 하는 시간이었다. 활발하고 외향적인 성격이었지만, 여러 친구들 앞에 서서 이야기하는 것은 이상하게 쉽지 않았다. 너무 떨려서 피하고 싶었다. 친구들이나 선생님께 반장 후보로 추천받으면 심장이 덜컥 내려앉는 것 같았다.

그때는 전혀 몰랐다, 내가 발표에 불안감을 느낀다는 것을. 중, 고교 시절에는 발표보다는 공부와 시험이 더 중요했기 때문에 발표에 대해 크게 생각할 시간도, 필요도 없었다. 하지만 대학생이 되자 '발표'는 점점 더 피하기 어려운 장애물로 다가왔다. 등 떠밀려 했던 발표는 만족스럽지 않은 기억으로 남았고, 다시는 하고 싶지 않았다.

정신과 의사가 된 이후에도 크게 달라지지 않았다. 동료 의사들 앞에서 논문을 발표하거나, 환자들을 대상으로 교육을 하는 등 이런저런 발표 기회가 자주 있었다. 언제나 유쾌하지 않았다. 떨지 않게 해주는 약으로 널리 알려진 인데놀, 스피치 학원에서 알려주는 테크닉, 지하철에서 큰 소리로 외치는 자신감 훈련 같은 것들은 근본적인 해결책이 될 수 없다는 것을 알았기에 좀 더 과학적인 방법으로 해결하고 싶었다. 그러던 중 인지행동치료가 발표불안과 무대공포증 해결에 매우 효과적이라는 사실을 알게 되었다.

인지행동치료는 정신의학에서 불안장애 등에 이미 효과를 검증받은 치료 방법이다. 먼저 병원에서 '사회불안장애'의 치료 경험을 쌓은 다음에 나 자신의 발표불안에 적용해보았다. 생각을 바꾸고, 행동(발표)해보고, 피드백을 해봤다. 조금씩 내 자신이 변하는 걸 느끼게 되니 다른 사람들을 도와줄 수 있겠다는 자신감이 생겼다. 더구나 발표불안, 무대공포증으로 병원을 찾기를 꺼리는 준임상적 증상을 겪고 있는 사람들에게 도움이 되는 교육을 하고 싶었다. 하지만 첫 시도는 보기 좋게 실패했다. 병원을 떠나 KT&G의 상상유니브(univ)라는 프로그램에서 대학생들을 대상으로 한 발표불안 극복 강의를 시도했지만 결과는 만족스럽지 않았다.

그러나 포기하지 않았다. 나의 불안이 줄었다는 확신이 있었기 때문이었다. 군의관 시절에는 프로그램을 조금 더 보완하여 병사들에게 불안을 극복하는 방법을 알려주었다. 도움이 되었는지 점차 입소문을 타면서 모집 공고를 내면 하루 만에 마감되는 기록을 세우기도 했고, 공로를 인정받아 표창도 받았다.

그 후 발표불안을 넘어 음악인들의 무대공포증 해결을 시도해보았다. 연습실뿐만 아니라 실제 공연장을 함께 찾아 직접 피드백도 하며 함께 뛰었다. 되는구나! 진짜 되는구나! 불안은 참고 견디는 게 아니라 제대로 된 방법으로 조절할 수 있는 것이구나! 생생한 교훈을 얻었다. 지금도 멈추지 않고 예고 학생들과 무대공포증의 원인과 극복 방법에 대한 연구를 진행 중이다.

이제는 대학생, 취업준비생, 음악인, 직장인, 변호사, 교사, 외교관, 임원, CEO 등 나이도 직업도 다양한 많은 사람이 필자를 찾아온다. 무대공포증을 극복하려는 열기가 뜨겁다.

아직도 타인의 평가에 지나치게 민감한 사람들이 많다. 발표불안과 무대공포증 때문에 원하는 일을 포기하거나, 실력만큼 인정받지 못하는 사람들이 많다. 심지어 임원 승진 등 자신의 꿈을 포기하려는 사람들도 있다. 정신과 의사로서 참으로 안타까웠다. 분명히 방법이 있는데 알지 못하기 때문이다.

이들이 포기하지 않도록 돕고 싶은 마음에서 책을 썼다. 직접 만나 교육을 하거나 그들 모두의 이야기를 들을 수 있다면 좋겠지만, 유명인도 아닌 필자 같은 사람이 보다 많은 사람들에게 도움을 줄 수 있는 가장 효과적인 방법은 책을 쓰는 것이라고 생각했다. 이 책에서 이끄는 대로 자신의 불안의 원인을 찾고, 생각을 바꾸고, 행동에 옮기기만 한다면 여러분을 괴롭히는 발표불안과 무대공포증에서 해방되어 자유로워지는 순간이 올 것이라 확신한다.

올바른 방법만 안다면 누구나 변할 수 있다.

윤닥

8 윤닥의 발표불안 극복 5주 프로그램

1
나는 왜 떨릴까?

01
무대공포증이란 무엇인가

성악을 전공하는 K양은 뛰어난 실력뿐만 아니라 성실성까지 겸비한 기대주다. 하지만 중요한 무대에만 오르면 과도한 긴장 때문에 실력을 제대로 발휘하지 못한다. 평소에 혼자 연습할 때는 잘하다가도 막상 사람들 앞에만 서면 머릿속은 하얘지고 온몸은 뻣뻣하게 굳는다. 성대까지 긴장하는 것 같다. 수없이 연습한 후렴구를 잊어버리는 어이없는 실수를 저지르고 무대에서 내려와 집으로 냅다 도망친 적도 있다.

K양은 무대공포증의 전형적인 사례다. 스포츠 분야도 마찬가지다. 큰 경기만 되면 약해지는 선수들도 있고, 연습 때는 잘하다가도 실전에서는 제 실력을 발휘하지 못하는 선수들도 있다. 많은 사람들 앞에서 너무 긴장해 자신의 실력을 절반도 보여주지 못하는 것도 역시 무대공포증 때문이다.

일반적으로 무대에서 공포를 느낀다는 의미에서 '무대공포증(stage fright)'이라 부르기도 하고, 정신의학에서는 수행에 대한 불안이라는 의미로 '수행불안(performance anxiety)'이라고 부르기도 한다. 여기서 '무대'란 연주나 연기를 하는 장소만이 아니라 다른 사람의 이목이 집중되어 부담감을 느낄 수 있는 모든 상황을 의미한다. 연주·노래·연기 등의 전문적 행위뿐만 아니라 모든 수행(performance)에 해당하는 말이다. 야구 선수가 9회 말 투아웃, 동점의 상황에서 타석에 오르거나, 필자와 같은 일반인들이 사람들 앞에서 발표를 할 때도 무대공포증을 느낄 수 있다. 즉, 사람들 앞에서 어떤 행위나 수행을 할 때 긴장되거나 떨리는 것이 무대공포증이다.

- 1 대 1 대화는 잘하는 편이지만, 사람들 앞에만 서면 떨려서 말을 잘하지 못하는 사람
- 조별 발표 시간에 최대한 발표를 피하기 위해 밤새 자료 수집을 떠맡는 대학생
- 면접관 앞에만 서면 머릿속이 하얘지는 취업준비생
- 무대에만 서면 너무 떨려 실수가 잦은 음악인
- 성과 보고, 발표, 회의 등 여러 사람들 앞에서 발표가 두려운 직장인

무대공포증은 이 모든 경우에 해당하는 개념이다. 즉, 무대공포증은 타인의 시선이 집중되거나 평가를 받을 수 있는 모든 상황에 적용된다. 이런 관점에서 우리가 부담을 느끼는 '발표'의 상황도 무대로 볼 수

있다. 우리는 무대에 오르면 심장이 터질 것처럼 빨리 뛰기도 하고, 숨이 차오르거나 목소리가 심하게 떨리기도 한다. 얼굴이 홍당무처럼 붉어지고 온몸에 땀이 나는 사람도 있을 것이다.

그럼 도대체 무대가 두려운 이유는 무엇일까? 무대는 그저 그대로 존재할 뿐인데, 우리가 무대 위에서 어떤 생각을 하느냐에 따라 두려운 감정이 생기고 몸이 떨리는 것이다. 직장 상사들은 단지 내가 준비한 새 프로젝트에 대해 듣고 있을 뿐이고, 음악회의 청중들은 음악을 즐기기 위해 왔을 뿐이다. 그렇다. 무대나 상황은 그대로다. 단지 자신이 어떻게 바라보느냐에 따라 달라질 뿐이다.

결국 우리가 무대를 바라보는 관점에 따라 두려움이 커질 수도 있고, 설레는 감정을 느낄 수도 있는 것이다. 여러분은 무대를 어떻게 바라보고 있는가?

02
난 발표에 소질이 없나봐

    세상은 매우 빠르게 변하고 있다. 누군가를 직접 만나서 얼굴을 마주 보고 이야기하는 것보다 온라인에서 대화하는 게 더 일상적이고 자연스럽다. 짧은 시간에 많은 사람과 정보를 공유할 수 있고, 지구 반대편의 친구들과 언제든 소통할 수 있다. 머지않은 미래에 인공지능이 모든 분야에서 필요한 일을 해주는 '대신맨'이 되어줄 것만 같은, 한편으로는 두렵기도 하지만 기대가 되기도 하는 세상이다.

    하지만 모든 일을 대신해줄 것 같은 첨단 과학도 해주지 못하는 게 있다. 바로 '남들 앞에서 이야기하는 것'이다. 별 생각 없이 부담 없이 할 수 있는 이야기도 사람들의 주목을 받는 순간 이상하게 머릿속은 하얘지고, 가슴이 두근거리며, 등줄기에 진땀이 흐르기 시작한다.

    2014년 미국 채프먼대학(Chapman University)의 조사에 의하면, 발표에 대한 공포가 비행, 독거미, 고소공포 등을 제치고 1위에 올랐다고 한다. 자기표현이 생활화되어 있고 토론 문화가 자연스러운 미국에서

조차 이런 상황이니 우리나라 사람들이 발표불안에서 자유롭지 못한 것은 어쩌면 당연할 수도 있겠다.

우리는 사람들 앞에서 발표할 기회도 많지 않았고, 제대로 배운 적도 없다. 필자의 학창 시절도 마찬가지였다. 주입식 교육 위주이다보니 자유롭게 의견을 발표하기보다는 암기하기에 바빴다. 발표라고는 반장 선거에 나갔을 때나 형식적인 학급회의 시간에 해본 게 전부였다. 그래도 주변을 둘러보면 자신감이 넘치는 친구들이 꼭 있었다. 우리는 항상 그런 친구들을 부러워했다. 그렇다면 우리와 그들의 차이점은 무엇일까? 그들은 타고난 달변가일까? 아니면 어릴 적부터 다른 방식으로 교육을 받았던 것일까?

우리나라의 교육 시스템이나 유전자, 성격을 탓하기 이전에 먼저 자신을 되돌아보자. 자신에게 주어진 몇 번의 기회마저도 일부러 놓치거나 회피하지는 않았는지 말이다.

죽마고우 A군과 B군의 이야기를 살펴보자.

차분한 성격의 A군은 학급에서 늘 최상위 성적을 유지했고 인기도 좋아 매번 반장 후보로 지목되었다. 하지만 친구들 앞에 나서서 이야기할 자신이 없어서 반장선거 출마를 피하려고 학습부장을 자원했다. 학습부장으로서 궂은일을 하는 것이 힘들기는 하지만, 남들에게 주목을 받으며 발표를 해야 하는 반장은 더욱 싫었다. 이런 식으로 상황을 모면한 후에는 잠시 죄책감을 느끼기도 했지만, '학교생활에 큰 지장을 받는 것도 아니고 금방 지나갈 일이니 괜찮을 것이다, 지금은 시간이 없으니 나중에 대학생이 되면 달라질 것'이라고 스스로 위로하며 공부에 집중했다.

　대학생이 된 후에는 내성적인 성격을 외향적으로 바꾸고 남들 앞에서 이야기도 잘하고 싶은 마음이 있었지만, 발표불안에서 벗어나는 법은 대학에서도 알려주지 않았다. 교수님들은 발표력, 팀워크, 사회성 향상을 기대하며 조별 발표 과제를 내주었지만, 현실은 결국 한 명이 발표를 맡는 '독박' 시스템이다. 아이돌 그룹에서도 노래는 한두 명이 주로 담당하듯이, 대학의 조별 발표에도 발표자는 거의 정해져 있다. 교수님이 아무리 조를 뒤섞어봐도 마찬가지다. A군은 발표 자료를 도맡아 준비하며 친구 B군에게 발표를 부탁했다. B군은 A군보다 성적이 좋지 못했지만, 늘 발표를 맡아왔다. 처음부터 완벽히 잘한 건 아니었지만, 계속 하다보니 점점 자신감도 생기고 여유까지 생겼다. A군은 밤새 자료를 정리하고 대본을 만들었다. B군은 잘 준비된 대본으로 무리 없이 발표했고, 교수님과 친구들에게 칭찬을 받았다. 당연히 가장 좋은 학점은 B군의 차지였다. 하지만 A군은 무사히 발표를 피한 것에 만족하며 자신을 위로했다.

　그렇다고 A군이 발표불안을 극복하기 위해 전혀 노력을 하지 않은 건 아니다. 새 학기가 되어 교양 강좌로 개설된 '발표' 수업을 수강 신청하려고 했지만, 이미 그곳은 발표의 고수들이 모여 실력을 겨루는 곳처럼 느껴졌다. 자신과 같은 초보들이 낄 자리가 아니라 생각해 포기해버렸다.

　유명한 스피치 학원도 가봤다. 비용이 만만치 않았지만, 마지막 기회라 생각하고 등록했다. 전문가에게 발성·톤·기교 등을 지도받고, 몇 번 발표를 연습하여 조금은 나아졌다고 생각했다. 그러나 그때뿐이었다. 곧 다시 격렬히 발표를 피하고 있는 자신을 보고 실망했다.

어느새 대학을 졸업하고 취업을 준비하게 되었다. 발표는 자신과 맞지 않는다는 생각에 최대한 발표나 회의가 없는 분야를 택했다. 성적이 좋아 선택의 폭이 넓을 거라 생각했지만, 막상 발표나 회의를 고려해야 하니 직종과 업무가 제한되어 지원할 곳이 많지 않았다.

면접 날에는 청심환을 복용했다. 떨리는 심장을 부여잡고 면접관들 앞에서 자기소개를 위해 겨우 입을 열었지만, 발표를 해본 지 너무 오래되었다. 실오라기 하나 걸치지 않고 남극에 혼자 버려진 것처럼 몸이 굳어 쉬운 질문에도 제대로 답하지 못했다. 뇌까지 굳어졌는지 생각과는 다른 대답을 하는 자신의 모습에 또 다시 실망했다.

우여곡절 끝에 A군과 B군은 같은 회사에 취직했다. 시간이 흘러 A군과 B군은 팀장을 맡으며 회사에서 유망주로 인정받게 되었다. A군은 항상 열심히 일하며 직접 발로 뛰었지만, 팀 프로젝트 발표는 직접 하지 않고 팀원들에게 부탁했다. 발표에 대한 불안감 때문이었다. 직장 상사들은 그런 A가 적극적이지 못하다고 오해했다. B군은 달랐다. 직접 발표를 이끌며 자신의 생각과 성과를 전달했고, 회사에서 점점 더 인정받게 되었다. 두 사람은 곧 과장 승진 발표를 앞두고 있다. 과연 둘 중에 누가 유리할까?

두 사람의 이야기를 통해 어떤 걸 느꼈는가? 조금 극단적으로 보일 수 있겠지만, 이와 비슷한 일들이 우리 주변에서 실제로 일어나고 있다. 어쩌면 여러분이 그 주인공일 수도 있다. 앞서 보았듯이 A군도 극복하려는 의지가 없었던 건 아니다. 그러나 이미 벌어진 격차 때문에 더 시도조차 못하고 포기하고 말았다.

위 사례에서 보듯이 발표에도 '부익부 빈익빈' 현상이 존재한다. 당신은 A군처럼 자신이 발표의 '흙수저'이기 때문에 노력해도 어쩔 수 없다고 생각할지도 모른다. 하지만 타고난 기질보다 더 중요한 것이 있다. 발표를 회피하지 않고 먼저 시작한 사람이 더 많은 기회를 갖게 되고, 능력은 더 발전하게 된다. 반면에 한번 피하기 시작하면 발표를 생각만 해도 불안해서 숨이 막히고 가슴이 뛰는 신체적 불안 증상 때문에 점점 더 적극적으로 피하게 된다. 그야말로 악순환이다.

여러분이 조별 발표 과제로 고민하고 있는 대학생이든, 면접만 생각해도 긴장되고 떨리는 취업준비생이든, 억지로라도 발표를 해야 하는 직장인이든, 무대에 서야 하는 연주자이든, 수많은 관중 앞에서 뛰어야 하는 운동선수든, 더 이상은 무대를 피하지 말자.

타고난 재능을 가진 발표의 금수저가 존재할 수는 있지만, 적어도 타고난 발표의 흙수저란 없다. 지금부터 해도 충분하다. 이제는 시작해야 한다.

03
연예인도 무대에서 떨린다

예전부터 궁금했다. 어떻게 TV 속의 연예인들은 수많은 사람들과 카메라 앞에서 자신이 경험하지 못한 인생을 자연스럽게 표현하고, 당당히 무대를 즐길 수 있는지 궁금했다. 나 같은 '쫄보'와는 유전자부터 다르다고 생각했다. 그러나 연예인들도 우리와 마찬가지로 무대에 오를 때 긴장하고, 심지어 공포를 느끼기도 한다. 대중의 주목을 받는 직업인 연예인이 무대 위에서 떤다고?

연예인들은 대중이 보기에 마치 무대의 스릴을 즐기며 사는 것처럼 보인다. 그리고 열광하는 팬들과 많은 경제적인 보상 때문에 무대 위에서 항상 행복하기만 할 것 같다. 물론 연예인들은 타고난 끼로 인해 불안을 에너지로 활용하는 데 일반인들보다 유리할지도 모른다. 하지만 그들도 긴장하고 두려움을 느낀다. 게다가 대중의 냉정한 평가에 항상 노출되어 있다. 때로는 악플에 직면한다.

대중은 유명인의 행동에 민감히 반응하고 매우 냉정하게 평가한다.

사실 익명의 대중을 상대한다는 것만으로도 엄청난 공포와 부담감을 느낄 수밖에 없다. 악플이나 혹평을 직접 눈으로 확인한 다음이라면 어떤 느낌이 들까? 오히려 일반인들보다 더 큰 두려움을 느끼게 되지 않을까?

가수 아이비는 한 인터뷰에서 무대공포증을 고백했다. 그녀는 뮤지컬 배우가 된 이후 사람들의 평가와 기대 어린 시선 때문에 힘들었고, 언제나 최고의 무대를 보여줘야 한다는 부담감을 느꼈다고 한다. 가사 실수 때문에 한동안 무대만 생각해도 떨리고 긴장되었다고 한다. 어린 나이에 데뷔한 '아시아의 별' 보아 역시 라이브 무대에서 가사를 실수한 후 한동안 무대공포증 때문에 힘들었다고 고백한 바 있다.

이처럼 스타들도 무대공포증에서 자유롭지 못하다. 우리나라 스타들의 이야기만은 아니다. 영국 가수 아델은 그래미 어워드에서 너무 떨어 노래를 중단하기도 했고, 무대공포증으로 투어를 중단하기까지 했다. 독일의 소프라노 디아나 담라우 역시 매 공연 직전 무대공포증을 느꼈다고 고백했다.

정도의 차이는 있겠지만 스타들도 우리와 크게 다를 바가 없어 보인다. 미국이나 유럽에서는 연예인이나 연주자들의 불안을 인정하고 이와 관련된 교육과 치료가 활발히 이루어지고 있다. 하지만 아직 우리나라에서는 개인의 인식과 환경이 모두 그에 미치지 못해 아쉬울 따름이다.

연예인들의 무대공포증은 연기나 연주에 국한되는 것은 아니다. 남들 앞에서 말하는 게 불안한 연예인들은 없을 것이라고 생각할지도 모르지만, 그들도 사람들 앞에 서는 것이 쉽지 않음이 분명하다.

데뷔 초부터 '주목공포증'을 고백한 탤런트 이종석 씨는 많은 사람들이 자신을 주목하는 상황이 힘들다고 한다. 2016년 MBC 연기대상 시상식에서는 뜻하지 않은 논란의 중심에 서기도 했다. 드라마의 흥행과 더불어 연기력까지 인정받아 대상 트로피를 거머쥐었지만, 수상 소감 발표에 대한 부담감으로 청심환 두 알을 먹고 마이크를 잡았다는 TV 화면 속 그의 모습은 매우 긴장되어 보였다. 갈 곳을 잃은 시선, 하얘진 머릿속을 보여주듯이 두서 없는 말투는 불안한 모습을 여과 없이 보여주었다.

배우나 연기자들 중에도 많은 사람 앞에서 발표하는 데 불안을 느끼는 사람이 생각보다 많은 것 같다. 심지어 어떤 배우는 영화를 10편 찍는 것보다 무대 인사가 더 어렵다고 푸념을 하기도 한다. 물론 연기는 소수의 재능과 외모를 가진 사람들에게만 허락되는 어려운 작업임에 틀림없다. 하지만 소수의 스태프들과 카메라 앞에서 연기하는 것과, 시상식 때 큰 상을 받아 많은 사람들의 기대를 받으며 자신의 생각을 이야기하는 것은 분명 차이가 있을 것이다. 그 차이의 핵심은 바로 '타인의 평가'에 대한 두려움이다.

앞에서도 이야기했지만, 지금 글을 쓰고 있는 필자 역시 오랫동안 발표불안으로 고민했다. 학창 시절 반장선거일에는 연설 직전까지도 배가 아파 화장실을 끊임없이 들락날락해야만 했고, 대학교 때 선배들과 교수님 앞에서 발표할 때는 몸을 너무 떨어 지적받기도 했다. 늘 발표 직전의 공포와 사투를 벌여야만 했다. 웬만하면 발표를 맡지 않으려고 남모르게 노력했고, 혼자 끙끙댔다. 심지어 정신과 의사가 된 후 초등학생들 앞에서 강의할 때도 떨렸다. 2014년 시골의 작은 초등학교에서 일일 보건교사로 수업할 때였다. 그날 필자의 역할은 '손 씻기 교육'이라는 단순한 임무였는데도 발표 직전까지 가슴이 쿵쾅댔다. 사실 10명 남짓한 초등학생들은 필자의 수업보다는 약봉지로 싼 초콜릿과 약통에 담긴 음료수에만 관심을 보이고 있다는 것을 머리로는 알고 있었다. 그런데도 몸은 어느새 떨고 있었다. 그 뒤로도 수많은 발표에서 떨었다.

물론 아직도 떨린다. 하지만 예전과 달라진 점이 있다. 떨림이 불쾌하게 느껴지고 피하고 싶은 감정이 아니라 발표 능력을 증가시켜줄 설렘의 또 다른 표현임을 지금은 알고 있다는 것이다.

연예인은 물론 많은 사람들이 떨고 있다. 여러분만 특별히 떨지 않아야 할 이유가 있을까? 무대에서는 누구나 떨린다. 대중의 시선을 즐기는 것처럼 보이는 스타들부터 무대공포증에 대해 책을 쓰고 강의를 하는 정신과 의사까지도.

04
불안하지 않으면 행복할까?

　발표를 해야 한다는 생각만으로도 심장이 두근거리고 손발이 떨리는 불안 증상이 시작된다. 조금이라도 덜 떨기 위해서 청심환을 먹기도 하고, 밤새 인터넷을 뒤져봐도 자신감을 키워야 한다는 스피치 학원이나 최면 광고 이야기뿐이다. 이 망할 놈의 불안만 없다면 인생이 아름답고 행복할 것만 같다.

　불안이 없다면 정말 행복할까? 적어도 필자가 만나본 많은 분들은 이렇게 대답했다. "불안이 없으면 행복하겠죠." 정말 그럴까? 우리는 자신을 고통스럽게 하는 대상이 없어지거나 상황이 바뀌어 간절히 바라는 것이 이루어진다면 행복해질 것이라 생각한다. 필자도 마찬가지였다. 고등학교 때는 빨리 시험이 끝나고 대학생이 되면 마냥 행복할 거라 생각했다. 연애 시절에는 여자친구와 계속 함께 있고 싶어 결혼만 하면 행복할 거라 생각했다. 군의관 시절에는 빨리 전역해서 병원에서 진료에 전념할 수 있다면 행복할 줄 알았다. 물론 나의 학창 시절, 군대 시절, 결혼 생활이 불행했다는 건 아니다. 그러나 간절히 원하는 바가 이루어지면 모든 게 해결되리라 생각되지만, 막상 꼭 그렇지 않은 경우도 많은 것 같다.

같은 맥락으로, 우리는 발표할 때 떨리는 신체 증상이나 불안한 감정들이 행복을 방해한다고 생각한다. 떨리는 목소리, 두근거리는 심장, 불안한 감정을 모두 없앨 수만 있다면 발표불안으로부터 해방되어 행복할 것만 같다. 그런데 정말 불안하지 않으면 남들 앞에서 이야기도 잘할 수 있고, 직장에서 좋은 성과를 낼 수 있을까? 결론부터 이야기하자면, 아니다.

필자의 의견에 동의할 수 없다면 불안을 일단 한번 없애보도록 하자. 만약 필자에게 특별한 능력이 있어 이 책을 다 읽고 덮는 순간 당신의 모든 불안이 없어진다고 가정해보자. (당연히 상상으로 말이다. 필자에게 실제로 그런 능력이 있다면 이 책은 베스트셀러가 될 것이다.) 여러분의 발표불안이 모두 없어졌으니 저자 강연회에 모두 참석하여 행복하게 변화된 인생에 대한 이야기를 공유해보기로 한다면 어떤 이야기들이 나올까? 다음 책 제목은 '행복'이 좋을까?

기대되지 않는가. 그토록 나를 괴롭히던 불안을 없앴으니 얼마나 행복하겠는가. 발표도 떨지 않고 마음대로 할 수 있고, 사람들의 시선도 더 이상 신경 쓰이지 않으니 말이다. 면접이나 오디션에서 긴장과 떨림 때문에 실력 발휘를 못했던 이들은 모두 합격했겠지? 직장에서 발표를 멋지게 잘해내고 인정받아 승진했겠지?

그런데 과연 그럴까? 실제로는 여러분의 상상과는 다른 일들이 일어날 수도 있다. 먼저, 불안이 아예 없다면 위험을 인지할 수 없다. 내 앞을 빠르게 달리는 차들을 보고도 위험을 느끼지 못해 피하지 않거나, 낭떠러지에 서 있어도 조심하지 않게 된다. 불안이 없어지는 순간, 우리는 위험을 예측하고 피할 수 있는 능력을 잃게 되는 것이다.

무엇보다 불안이나 걱정이 없다면 발표나 면접 준비를 열심히 할 필요성을 느끼지 못하고, 실전에서는 푹 퍼진 라면처럼 집중력이 떨어질 수도 있다. 덴마크의 철학자이자 실존주의자인 키에르케고르는 불안은 상상력과 창조성을 높여주는 추진력이 되므로 성공을 위해 필수적이라고 지적했다. 불안이 너무 지나쳐도 제 실력을 발휘하지 못하지만, 너무 적어도 동기가 유발되지 않아 최고의 능력을 발휘하지 못한다. 성공과 불안의 상관관계는 이미 많은 연구에서 밝혀진 바 있다. 무대에 오르거나 발표하기 직전에 너무 떨지 않는 이들은 긴장하는 사람들에 비해 오히려 결과가 좋지 않을 수도 있다는 말이다.

불안의 또 다른 이름은 '자기 보호 시스템'이다. 칼을 든 강도를 만났을 때 겁 없이 싸우기보다 도망가는 게 생존에 유리하듯이, 태평하게 아무 준비도 하지 않는 것보다 발표를 앞두고 걱정을 하며 철저히 준비하는 것이 낫다. 불안이 있기 때문에 발표 내용과 구성 등을 신중히 살피고 더 집중하여 실수도 덜 할 수 있다. 이처럼 지금 여러분을 고통스럽게 하는 불안에는 분명 긍정적인 면이 있다.

물론 이 책을 읽고 있는 여러분은 이런 자기 보호 시스템이 과도하게 작동하기 때문에 고통스러울 수 있다. 과도한 불안으로 자신의 능력을 십분 발휘하지 못하는 경우도 많았을 것이다.

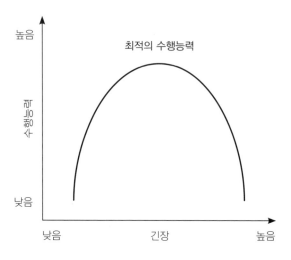

여키스–도슨 법칙: 적절한 긴장과 불안은 최적의 수행능력을 발휘하도록 도와준다.

미국의 심리학자 로버트 여키스와 그의 제자 존 도슨은 불안이 심할 때뿐만 아니라 너무 낮아도 수행능력이 낮아진다는 사실을 발견했다. 여키스–도슨 법칙에 따르면 발표나 공연에서 자신의 능력을 최대한 발휘하기 위해서는 적당한 긴장과 불안이 반드시 필요하다.

시험도 마찬가지다. 너무 심하게 긴장하면 평소 잘 알던 내용도 기억이 나지 않아 제 실력을 발휘하지 못한다. 반면에 너무 긴장을 안 하면 공부를 하지 않게 되고, 시험에선 덤벙대느라 실수가 많아져 좋은 성적을 내기 어렵다. 이처럼 불안은 자전거의 브레이크와 같다. 너무 세게 밟으면 앞으로 나가는 데 방해가 되지만, 적당히 조절만 잘하면 부상을 막아주고 안전하게 자전거를 잘 탈 수 있게 도와주는 고마운 존재다. 브레이크를 잘 조작할 수 있다면, 자신 있게 속력을 낼 수도 있다.

같은 의미로, 무대에 오르면 누구나 어느 정도의 불안을 느낄 수 있다. 아니, 느껴야 한다. 어두운 길을 조심스럽게 운전하거나 시험에서 실수를 할까봐 여러 번 검토하는 것은 분명 이득을 가져올 수도 있는 행위다. 또한 불안을 느끼고 극복한 사람들은 그것을 느끼지 못한 사람들보다 더욱 성장할 가능성이 크다.

불안에 자신을 던져보자. 사람들은 번지점프를 하거나 바이킹을 탈 때 짜릿함을 느끼기 위해 비싼 돈을 주고 몇 시간 동안 긴 줄을 서는 수고를 마다하지 않는다. 마찬가지로 무대에 오른 후 짜릿함을 느끼고 불안을 극복해보자. 시간과 돈이 들지도 않는 매우 생산적인 일이다. 자신의 분야에서 인정을 받는 것은 덤이다.

불안과 긴장이 짜릿한 설렘으로 바뀌는 순간 발표불안은 여러분의 '발표 근육'이 되어줄 것이다. 불안하지 않다고 행복한 것은 아니지만, 불안이 설렘으로 바뀌면 진짜 행복을 찾을 수 있을지도 모른다.

05
나의 발표불안은 정상일까?

많은 사람들이 궁금해한다. 자신의 발표불안이 정상적인지, 병적 수준인지 묻는다. 우리가 느끼는 불안은 과연 어디까지가 정상일까?

사실 칼로 두부를 자르듯 명확하게 딱 잘라서 정상과 비정상을 구분하기는 참으로 쉽지 않다. 정신의학에서는 정상(normality)을 몇 가지 의미로 나누어 정의한다.

1. 정상은 질병이나 병적 상태가 없는 상태다.
2. 통계상 한 집단의 평균에서 크게 벗어나지 않는 범주를 말한다.
3. 신체적, 정신적, 사회적으로 이상적인 상태를 의미한다. (WHO)
4. 그 문화권에서 받아들일 수 있는 범위 안에 들어가는 행동이다.

이처럼 사회·문화적 맥락의 변화도 '정상'의 개념에 영향을 줄 수 있다. 불과 얼마 전까지 주입식 교육이 주류를 이루고, 회사에서도 개인의 생각이나 의견의 교환보다는 조직의 성장이 강조되었다. 하지만 이제 시대가 빠르게 변하고 있다. 회사에서는 조직 간의 경계가 모호해지고, 상호 교류를 통한 창의적인 작업이 강조되고 있다. 남들 앞에서 자신의 의견을 이야기하고, 다른 직종이나 부서와 회의를 통해 꾸준히 의견을 교환해야 한다. 예전에는 크게 문제가 되지 않았던 발표불안이 점점 사회생활의 큰 장애물이 될 수 있다는 말이다.

불안은 정상적인 정서 경험이지만, 때로는 그 강도와 빈도가 지나치게 커져 일상생활에 방해가 될 정도의 고통을 주기도 하는데, 이를 정신의학에서는 불안장애라고 한다. 2016년 보건복지부에서 실시한 정신질환 실태 관련 역학조사에 따르면 불안장애의 평생 유병률은 9.3%로, 2001년 조사 이후 지속적으로 증가 추세라고 한다. 불안장애를 진단할 때 많은 정신과 의사들은 '정신장애 진단 및 통계 편람(Diagnostic and Statistical Manual of Mental Disorders)'의 분류 체계를 사용한다. 물론 개개인의 상태는 정신과 전문의가 직접 면담을 통해 진단 기준에 의해 임상적으로 판단한다. 그러므로 직접 대면 상담을 하지 않고는 정확히 판단하기는 어렵다. 그래도 대략적으로 자신의 불안에 대해 알고 싶다면 다음을 참고하라. 불안과 우울을 연구하는 국제 비영리단체 ADAA(Anxiety And Depression Association of America)가 제시하는 기준에 따르면 다음과 같다.

ADAA에 따르면 발표의 상황에서 느끼는 어느 정도의 부끄러움, 수줍음, 신경이 예민해짐은 정상적인 반응이며, 이로 인해서 비합리적인 두려움을 느끼고 회피하는 상태를 불안장애로 볼 수 있다. 이 기준만으

정상적 vs. 병적 불안	
정상적 불안	병적 불안(불안장애)
생활비 부족, 일자리 구하기, 연인과의 결별, 그 밖에 인생의 중대한 사건에서 비롯된 걱정	매우 고통스럽고 일상생활을 방해할 정도로 지속적이고 완화되지 않는 걱정
불편하거나 어색한 사회적 상황에서 느끼는 부끄러움이나 수줍음	다른 이에게 비판이나 놀림을 당하거나 수치 스러운 상황에 빠질까봐 두려워 사람들과의 만남을 회피하는 상태
중요한 시험, 사업상의 프레젠테이션, 무대 위에서의 공연, 그 밖에 중대한 사건을 앞두 고 신경이 예민해지거나 땀을 흘리는 증상	겉보기에 별 이유 없이 공황 발작이 일어나 고 불시에 발작이 일어날까봐 두려워하는 상 태
실제로 위험한 사물, 장소, 상황에 대한 걱정	전혀 또는 거의 해가 되지 않는 사물, 장소, 상황에 대한 비합리적 두려움과 회피

로 자가 진단하는 것은 위험하긴 하지만, 전반적으로 일상생활에 큰 지장을 초래하는지 여부를 기준으로 불안장애를 구분하는 것은 필자도 어느 정도는 동의할 수 있다. 하지만 이런 기준은 주관적인 요소가 강하므로 명확히 구분하기 힘들며, 이 가운데 경계가 모호한 준임상적 불안 증상을 경험하는 경우도 많다.

더 중요한 건 자신의 불안이 비정상인지를 확인하는 것이 아니다. 불안으로 인해 자신의 능력을 발휘할 기회를 놓치지 않는지 살펴보는 것이다. 병원 안에서든 밖에서든 불안을 제대로 극복하는 방법을 배워야 한다.

06
매일매일 불안한 사람들

앞서 이야기한 것처럼 발표불안과 무대공포증을 포함해 일상생활에서 지속적으로 불안을 느끼는 사람들도 있다. 이를 정신의학에서는 사회불안장애라고 한다. 일부의 발표불안, 무대공포증을 사회불안장애의 한 가지 표현형으로 보기도 하지만, 약간의 발표불안이 있다고 그것이 곧 사회불안장애를 의미하는 것은 아니다.

사람들의 시선에 대한 두려움,
표정이 어색하고 굳어지는 것에 대한 두려움,
누가 옆에 있으면 긴장되어 소변을 보지 못하거나,
심지어 침을 삼키는 소리를 남들이 알아챌까봐 두려워하는 경우 등.

이처럼 사회불안장애의 범위는 매우 넓고 다양하다. 그러므로 사회적 불안은 '전혀 불안하지 않음'에서부터 '극심하게 불안함'까지의 일직선 중 어떤 지점에 있는 연속적인 개념으로 보는 편이 적합하다.

사회불안장애는 불안장애 중 하나로 사회적 상황에서 과도하고 지속적인 두려움을 경험하는 것을 의미한다. 발표에 대한 불안감이 심하지만, 다른 대인관계나 일상생활에 큰 지장이 없다면 발표 상황에서의 떨림은 단순한 무대공포증의 증상으로 볼 수 있다. 그렇다고 그 고민이 쉽고 간단하다는 말은 아니다. 다만 사회 전반에 걸친 불안에 비해서 조금 더 국소적이기 때문에 극복하기가 용이할 수도 있다.

사회불안장애와 일반적인 발표불안의 핵심적인 차이는 그 증상이 대인관계와 사회생활 등 일상생활의 중요한 면에 영향을 미치느냐에 있다. 즉, 발표 상황 이외에도 타인과의 모든 관계에서 발현되는 불안 증상들이 크다면 사회불안장애를 의심해볼 수 있다.

사회불안장애는 정신의학에서 우울증(depression)과 알코올 사용장애(alcohol use disorder) 다음으로 유병률이 높은(10-13%) 질환이다. 하지만 실제로 사회불안장애로 인해 병원을 찾거나 치료를 원하는 사람은 상대적으로 적다. 어릴 적부터 사람들과 어울리며 생활하고 싶지만, 변화에 대한 생각만으로도 불안이나 두려움을 느끼고 지레 겁을 먹고 포기하거나, 눈에 보이는 상처처럼 당장 급한 일이 아니라며 치료를 미루는 이들이 더 많다. 오랫동안 굳어진 자신의 불안을 친구, 심지어 가족들에게조차 들킬까 숨죽이며 지내고 있다. 그저 자신은 대인관계에 조금 덜 적극적이고 노력이 부족할 뿐이라며 스스로를 위로하거나, 타고난 성격 탓을 하며 포기하고 지낸다. 더구나 요즘은 혼자 지내기에 최적화된 세상이다.

이러한 자신에 대한 합리화와 사회문화로 인해 초기에 변화의 기회를 놓쳐 점점 자신을 격리시키게 된다. 자신의 모습을 되돌아보며 불안이 나의 생활에서 어디까지 차올랐는지 생각해보자. 혹시나 그 불안이 '무대'뿐 아니라 나의 전반적인 생활에 영향을 준다면, 반드시 정신과 전문의를 찾아서 정확한 진단과 평가를 받도록 하자. 자신이 사회불안 장애라고 의심되더라도 좌절할 필요는 없다. 정신과 전문의와 함께 적극적으로 치료한다면 완치도 가능하니까 말이다.

현재 정신의학에서 사회불안장애는 약물치료가 효과적인 것으로 알려져 있다. 약물치료는 뇌의 신경전달물질을 조절해서 덜 불안하고 안정된 상태를 유지할 수 있도록 도와준다.

하지만 때로는 불안을 낮추는 약물치료만으로는 사회로부터 자신을 격리시킨 방어벽을 깨기에 부족할 때도 있다. 그렇기 때문에 사회불안 장애를 겪는 사람들에게는 자신의 왜곡된 생각을 바꾸는 연습을 하고 불안한 상황에 계속해서 직면(exposure)하도록 도와주는 인지행동치료가 반드시 필요하다. 단독 약물치료의 효과가 약 60-70%인 데 비해 약물치료와 인지행동치료를 함께 받으면 약 85%에서 호전된다는 연구 결과도 있을 정도로 이미 검증된 치료 방법이다.

한 가지 더 주목할 점은 집단 인지행동치료(Group CBT)가 더욱 효과적이라는 점이다. 치료자와 1 대 1로 상담을 받는 것도 좋지만, 같은 고민을 가진 사람들이 모이면 장점이 매우 많다. 우리는 이미 토익이나 각종 취업 준비를 할 때 혼자서 방대한 양을 공부하는 것보다 그룹을 만들어 함께 공부하면 효과적이라는 것을 경험했다. 사회불안장애, 발표불안의 경우도 집단이 상당한 힘을 발휘한다. 뒤에 나올 '발표공동체를 꿈꿔라'를 참고하자.

변화가 늦어질수록 자신을 바꾸기가 더욱 힘들어진다. 늦었다고 생각하고 있는 지금이 가장 빠른 시기이다.

07
싸울 것인가, 도망칠 것인가

직장인 영미 씨는 아침부터 표정이 좋지 않다. 오늘은 친구의 권유로 가입한 독서 모임의 낭독회가 있는 날이기 때문이다. 자기계발 목적으로 가입한 모임이지만, 여러 사람들 앞에서 책을 읽는 상황은 격렬히 피하고 싶다. 중학교 시절 책 읽기 시간에 실수를 해 친구들에게 망신을 당한 이후로 발표한다는 생각만 해도 가슴이 뛰고 땀이 흘러서 견디기 힘들다.

오늘따라 왜 야근이나 회식은 없는지, 버스는 또 왜 막히지 않고 제시간에 도착하는지 괜스레 야속하기만 하다. 약속 시간보다 일찍 도착해 심호흡을 크게 하고 자리에 앉는 순간, 배에서 꾸르륵 신호가 온다. 그럼 그렇지. 영미 씨의 위와 장은 그녀의 긴장을 항상 먼저 알아차리고 반응해왔다. 몇 번을 화장실에 들락날락하다보니 어느새 사람들이 하나둘씩 모이기 시작한다. 최대한 아무렇지도 않은 척 웃으며 인사를 나눠보지만 머릿속은 온통 낭독에 대한 걱정으로 가득

하다. 낭독회가 시작되고 점점 차례가 다가올수록 숨이 막히고 다시 배가 아파온다. 차라리 배가 아픈 게 마음이 편한 것 같다. 아니 어쩌면 발표를 피하기 위해 위와 장에게 아프라고 강요했는지도 모르겠다. 5분이 지났을까. 이제 차례가 지나갔을 거라 기대하며 살포시 문을 열어보지만, 배려심이 많은 회원들은 웃으며 영미 씨를 기다려주고 있었다. 그 순간 영미 씨의 머릿속에는 두 가지 생각뿐이다. 포기하고 자리로 돌아가 낭독할 것인가? 다시 화장실로 도망갈 것인가? 위기의 상황을 맞이한 영미 씨는 선택의 기로에 서 있다.

인류는 수많은 위기와 위협을 피하거나 이겨내고 생존해왔다. 생존을 위해 우리의 뇌와 신체는 매우 빠르게 판단을 내린다. 《호모 사피엔스》의 저자 유발 하라리가 말했듯이 인류는 오랫동안 지구에서 숱한 위험을 겪으며 생존해왔다. 이제 겨우 직립보행을 시작한 인류에게 날카로운 이빨을 가진 빠르고 힘센 맹수들은 매우 위협적인 존재였다. 마찬가지로 타인의 시선이나 평가에 노출되는 발표의 상황도 우리의 뇌는 순간적으로 위협으로 인식한다. 맹수나 발표를 마주하지 않는 편이 가장 좋겠지만, 운이 없어 마주친다면 '싸우거나 도망치는(fight or flight)' 선택을 해야 한다. 영미 씨가 마주한 선택의 상황처럼.

미국의 생리학자인 월터 캐논이 말한 급성 스트레스 상황의 '투쟁-도피 반응(fight-flight response)'에 따르면 생존이 위협받는다고 판단되는 거의 모든 상황에서 우리는 이와 같이 반응한다. 숲에서 맹수와 부닥치거나, 막다른 골목길에서 칼을 든 강도를 마주치는 상황도 마찬가지다. 싸우든지 아니면 즉각적으로 줄행랑을 치든지 선택을 해야 한다.

단순하게 보면, 용기가 있는(두려움이 적은) 사람들은 맹수와 싸웠을 것이고, 겁이 많은(불안한) 사람들은 도망치는 선택을 했을 것이다. 싸움에 이긴 소수의 용기 있는 자들은 많은 전리품을 얻었다. 맹수의 고기, 높은 서열, 매력적인 배우자 등. 언제나 그렇듯 위험할수록 수익률이 높다.

하지만 아홉 번을 이겨도 마지막에 단 한 번이라도 진다면 맹수의 밥이 되어 생명을 잃을 수도 있다. 말 그대로 짧고 굵은 인생이다. 반면에 겁에 질려 도망친 사람들은 고기는 못 먹더라도 가족들과 소소한 행복을 느끼며 오래 살았을 가능성이 높다. 가늘고 긴 인생을 택한 것이다. 이처럼 싸우거나 도망치는 장단점은 명확히 구분된다.

시간이 흘러 인류가 도구를 사용하고 집단생활을 하면서 맹수의 위협은 더 이상 막을 수 없는 재앙이 아니었다. 하지만 힘이 센 다른 부족이나 나라의 침략과 전쟁 같은 인류의 생존을 위협하는 일이 끊임없이 벌어졌고, 그 순간마다 선택해야 했다. 청나라가 조선을 침략한 병자호란 때에도 우리 조상들은 선택해야만 했다. 맞서 싸울 것인지, 항복하거나 도망칠 것인지. 용감히 싸워서 승리한 나라는 많은 보상을 받았다. 전투에서 공을 세운 이들도 경제적, 사회적 보상을 받았다. 하지만 전쟁 도중 다치거나 죽음을 맞이하는 경우도 많기 때문에 생존의 측면에서 보면 그리 득이 되는 행동은 아닌 듯하다.

자, 그럼 앞선 이야기의 주인공 영미 씨를 포함해서 발표불안으로 고민 중인 여러분의 조상들은 어느 쪽에 가까울까? 그렇다. 굳이 따진다면 맞서 싸우는 쪽보다는 겁이 많아(불안하여) 도망친 쪽에 가까울 것이다. 그런데 이것을 나쁘다고 할 수 있을까? 생존의 위험을 최대로 줄이고, 오래 살아남아 대대로 자손을 둔 덕분에 필자를 비롯한 여러분이 지금 이 시대를 살고 있다. 과거에 비해 요즘 현대인들 중 '불안'한 사람이 많은 이유이기도 하다.

불안이 많을수록 불편할 수 있겠지만, 생존에는 유리하다. 불안 덕분에 오래도록 생존한 사람들의 후손들 역시 불안의 유산을 물려받을 것이다. 그러므로 미래 사회에는 당연히 불안에 대한 관심이 더욱 높아질 수밖에 없다.

도망친 사람들이 비겁하다는 이야기가 아니다. 진화론을 정립한 찰스 다윈은 살아남은 종은 강한 종이 아니라 변화에 민감한 종이라고 말했다. 불안한 우리만큼 주변 변화에 민감한 사람들이 있을까? 사람들의 표정 변화, 자세 변화를 귀신같이 알아차리고, 파악한다. 이렇게 '불안'은 우리를 생존시켰고, 민감하고 섬세한 능력은 자신을 발전시키는 원동력이 되기도 한다.

그럼 우리는 여태 무대, 발표의 상황에 어떤 선택을 해왔을까? 여러분이 몸소 겪었듯이 발표를 하기 위해 사람들 앞에 서면, 정도의 차이는 있겠지만, 우리 몸은 반사적으로 불안 반응을 보인다. 하지만 실제적인 위협은 아니다. 단지 우리 뇌가 안전을 위해 순간적으로 몸을 보호하기 위해 보이는 반응일 뿐이다. 그런데 우리는 불안과 두려움에 반응해서 좀 더 심리적인 안전을 찾기 위해 그 상황 자체를 매우 격렬히 회피하려 한다.

무대로부터 도망치면 잠시 동안의 안도감을 느끼며, 일시적으로 불안감이 줄어들 수도 있다. 하지만 실체를 직접 볼 수 없는 발표불안은, 한번 피하면 그 두려움이 처음보다 더욱 커져버린다. 그 다음번에는 생각만 해도 불안한 감정이나 신체 반응이 먼저 온몸을 강타한다. 조상들은 살아남기 위해 도망쳤지만, 우리는 무대에서 도망칠수록 더욱 힘들어진다. 망망대해에서 갈증을 해소하기 위해 바닷물을 마시면 결국 더욱 갈증이 나는 것처럼, 회피하면 잠시 안도감을 얻을 수 있지만 불안은 점점 커질 것이다.

그렇다면 무대에서 적극적으로 싸워보는 건 어떨까? 처음의 불안과 두려움은 크겠지만, 실제로 다치거나 잃을 것은 생각보다 많지 않다. 직장과 학교에서의 인정, 취직, 승진 등 얻을 수 있는 승리의 전리품은 넘쳐나는 데 비해 크게 다치거나 손해볼 일은 별로 없다.

필자가 여러분을 불안과의 전쟁터로 등을 떠미는 이유는 우선 이것만큼 효과가 좋은 방법은 없기 때문이다. 영화 〈이보다 더 좋을 순 없다〉의 잭 니콜슨이 연기한 강박장애의 치료법도 이와 마찬가지다. 불안을 느끼는 대상과 직접 부닥치는 것이다. 예를 들어 도로의 선을 밟지 않으려고 종종걸음을 걷는 그에게 선을 일부러 밟고 반응하지 않도록 권유하는 것이다. 몇 번을 반복하다보면 불안이 줄어드는 효과를 얻을 수 있는데, 이를 영국의 심리학자 빅터 마이어가 발견한 '노출반응제어(exposure response prevention)'라고 한다. 물론 준비가 안 된 상태의 억지 노출은 오히려 위험할 수도 있다. 인터넷에 '발표불안 극복'

을 검색해보면 지하철이나 공공장소에서 크게 소리를 지르며 사람들 앞에서 이야기하도록 권하는 놀라운 영상들을 볼 수 있다. 극도의 불안에 노출시키는 이 방법은 원래 재능(?)이 있는 몇몇에게는 효과가 있었는지도 모르나, 많은 사람들을 위한 근본적인 대책이라고 보기는 어렵다. 아마 대부분의 준비가 덜 된 사람들에게는 오히려 트라우마 사건으로 기억될 수도 있다.

혹시 여러분도 아직 영미 씨처럼 고민 중인가? 그래도 당신은 용감한 사람이다. 더 이상 피하지 않고 싸우기 위해 이 책을 읽고 있으니 말이다. 이제 부닥치고 행동하는 것만 남았다.

더 이상 공항 가는 길이 두렵지 않다

〈파일럿〉

　드라마에서 간혹 다뤄지는 소재로 비행공포증(aerophobia)을 빠트릴 수 없다. 비행공포증은 비행에 대한 공포심으로, 개인의 기능과 삶의 질을 저해한다. 최근 주요 경제지표가 장기간 악화되고 국민들의 경제 불안심리가 확산되고 있지만, 인천국제공항은 여전히 해외여행에 들뜬 수많은 사람들로 북적거린다. 하지만 이들 중에는 마냥 즐거워할 수 없는 사람들도 있다. 가족과 친구들에게 애써 웃음을 지어 보이지만, 머릿속에는 언제나 걱정이 가득하다.

　'비행기가 추락하면 어쩌지?'
　'공중에서 위급 상황이 생기면 어떡하지?'
　'저가 항공은 위험하다던데….'

　우리나라보다 땅 면적이 넓어 비행기로 이동하는 일이 잦은 서구 국가들의 경우 비행공포증의 유병률이 10-40%에 이른다고 하며, 우리나라 역시 많은 사람들이 공포심을 느끼고 있다. 많은 사람들이 실생활에서 고통받고 불편감을 느끼고 있지만, 아직은 잘 알려지지 않은 공포증이다.

비행공포증은 누구에게나 생길 수 있다. 1993년에 방영된 국내 최초 항공 드라마 〈파일럿〉은 항공대 조종학과에 다니는 세 친구의 꿈과 도전을 다루었다. 그중 이윤철(이재룡 분)은 학창 시절 우수한 성적에도 불구하고 비행공포증 때문에 조종사의 꿈을 포기하고 연구원 생활을 시작한다. 드라마만의 일이 아니다. 현실에서도 승객뿐만 아니라 조종사, 승무원의 꿈을 가진 젊은이들이 비행공포증 때문에 자신의 꿈을 포기하기도 한다.

일반 승객들 가운데도 비행에 대한 공포로 인해 비행기 탑승을 포기하는 사람들이 많다. 반드시 비행기를 타야 하는 사람들에게는 더욱 심각한 일이다. 심지어 비행공포증으로 인해 해외에 갈 때 비행기를 타지 못해 배를 이용하는 사람들도 있다. 편리한 이동 수단인 비행기에 대한 공포로 인하여 삶의 불편을 겪어야 하는 상황은 발표불안이나 무대공포증과 유사하다.

이처럼 많은 공포증들이 삶의 질을 떨어뜨리지만, 전문가의 도움을 찾는 일이 적다. 하지만 이러한 공포증은 다른 정신적인 문제들에 비해 빠르게 호전되며 심지어 완치도 가능하다. 비행공포증은 단순 비행공포증과 공황장애나 폐쇄공포증 때문에 발생되는 이차적인 비행공포증으로 나눌 수 있다. 단순 비행공포증은 난기류를 만나 크게 흔들릴 때,

이착륙할 때 등 특정한 상황에서만 공포를 느끼는 경우를 말한다. 이러한 경우에는 비행기의 원리나 안전에 대한 교육과 적절한 심리교육(psychoeducation)으로 쉽게 호전될 수 있다. 하지만 공황장애와 폐쇄공포증의 경우에는 공포감이 심하고, 제대로 된 치료를 받지 않는다면 개인뿐만 아니라 사회적 손실을 일으킬 수 있으며, 그런 일들로 공포와 불안감이 더욱 심해지는 악순환을 겪을 수 있다.

더구나 두려움을 줄이기 위해 비행 중 술을 마시거나 진정제를 복용하는 것은 해결책이 아니다. 손쉽고 즉각적인 효과 때문에 선호하지만, 이에 의존하면 오히려 점차 불안감이 더욱 커지고, 예상치 못한 부작용이 나타나는 경우도 많다. 더욱이 불안감을 잊기 위해 한 회피행동들로 인한 기내 음주 난동이나 흡연 등의 사건들을 뉴스에서 어렵지 않게 볼 수 있다.

무대공포증이든 비행공포증이든 원리는 크게 다르지 않다. 적절한 심리교육과 불안을 일으키는 왜곡된 생각을 바꾸면 더 이상 공항 가는 길이 두렵지 않을 것이다.

2
나, 지금 떨고 있니?

왜 긴장하면 떨릴까?

30대 중반의 지은 씨는 긴 생머리와 뽀얀 얼굴, 다정다감한 성격으로 친구들에게 인기가 많다. 하지만 그런 그녀에게도 고민이 있었다. 그것은 바로 여러 사람들 앞에서 주목을 받으면 얼굴이 빨개진다는 것이다. 어릴 적부터 친구들 사이에서 이름보다는 '홍당무'라는 별명으로 통하는 그녀였다. 때로는 얼굴이 붉어지는 모습이 여성스러움으로 해석되는 장점도 있었지만, 사회생활에서는 단점이 많았다. 회사에서 회의를 하거나 남들 앞에서 발표할 일이 생길 때마다 얼굴이 붉어지면 쥐구멍이라도 찾고 싶은 심정이었다. 피부과에 가서 레이저 시술도 해보고, 발표 당일 화장도 진하게 해봤지만 큰 도움이 되지 않았다.

40대 후반의 직장인 영철 씨는 동료들에 비해 빠르게 승진하고 인정받고 있는, 이른바 잘나가는 회사원이다. 하지만 그런 그에게도 남모를 고민이 있었다. 긴장하거나 주목을 받으면 손을 심하게 떠는 것이었다. 가끔 발표를 하거나 회의를 할 때 마이크나 볼펜으로 시선을 돌리거나, 중요한 사람을 만날 때 떨리는 손을 감추기 위해 물컵을 잡는 등 남모를 노력을 계속했다. 최근 부장으로 승진한 이후에는 중요한 서류에 사인하는 것조차 어려워 최대한 혼자 있을 때 처리하려고 노력 중이다.

이들은 각자 증상과 이유는 다르지만, 공통적으로 떨리는 '신체적인 증상'으로 고민하고 있다. 심지어 이런 신체 증상으로 인해 업무나 일을 망칠까봐 걱정하고, 누군가에게 들키지는 않을지 두려워하고 있다. 많은 사람들은 이러한 증상이 자신에게만 일어나는 이상한 반응이라 생각한다. 과연 그럴까? 긴장할 때 우리의 뇌와 신체에서 일어나는 반응에 대해 좀 더 과학적으로 알아보자.

우선 긴장되고 떨리는 상황을 떠올려보자. 잘 떠오르지 않는다면 낯선 골목길에서 괴한이 여러분에게 칼을 겨누며 위협하고 있다고 생각해보자. 막다른 길이고, 험악하게 생긴 괴한은 점점 다가온다. 그때 우리의 몸에서는 어떤 반응이 일어날까? 칼에 찔려 다치거나 생명을 잃을지도 모른다는 생각이 들면서 두려울 것이다. 동시에 식은땀이 나고, 가슴이 쿵쾅거리고, 다리도 후들거려 제대로 서 있기도 힘들 것이다. 심지어 머리카락을 포함한 온몸의 털이 곤두설지도 모른다. 이런 위험한 상황에서 몸이 떨리는 것은 자연스러운 반응이다. 전혀 떨리지 않거나 침착하게 대처한다는 사람은 그 상황에서 위험을 느끼지 않기 때문일 것이다. 싸움을 잘해서 괴한을 제압할 자신이 있거나, 다른 대책을 가지고 있거나 말이다.

이러한 위협 상황에서 신체의 긴장 반응을 조금 더 딱딱한 의학용어로 표현하면 '교감신경계(sympathetic system)의 반응이 활성화된 것'이라고 할 수 있다. 긴장과 스트레스와 관련된 교감신경계는 자율신경계(autonomic nervous system)에 속한다. 자율신경계는 대뇌의 지배로부터 비교적 독립적으로 작용하기 때문에 '자율'이라는 이름이 붙었다. 즉, 우리의 의지와는 상관없는 신경계이므로 떨지 않거나 긴장하지 않으려 아무리 노력해도 우리 마음대로 쉽게 조절할 수 없다. 또한 우리의 뇌가 위협으로 인식하는 순간, 뇌에서는 아드레날린 호르몬을 즉시 분비시키도록 하여 교감신경계가 활성화된 상태가 된다.

앞에서 소개한 투쟁-도피 반응 이론에 따르면 이런 교감신경계의 반응은 생명이 위협받는 긴급한 상황에서 일어나는 자동적 변신이다. 자동차가 고속 주행을 위해 기어를 변속하는 것처럼 자율신경계의 변화는 인간이나 동물이 자신의 몸을 생존을 위한 최적의 상태로 바꾸기 위한 과정이다.

긴장했을 때 자율신경계의 변화를 진화심리학적 관점에서 하나씩 따져보자. 위협을 느껴 싸우거나 도망을 가야 하는 스트레스 상황에서 우리의 신체는 선택과 집중의 과정을 통해 한정적인 에너지를 효율적으로 배분하도록 한다. 즉, 적을 만나 싸우거나 도망가기 위해서 팔과 다리 등의 대근육에 혈류와 영양분을 빠르게 공급한다. 잘 이해되지 않는다면, 격투기 선수들의 팔 근육과 육상 선수들의 허벅지 근육을 떠올려보자. 팔이나 다리 등의 큰 근육을 잘 사용해야 도망치거나 싸울 수 있다. 대근육으로 혈류를 잘 공급하기 위해서 심장은 열심히 펌프질해야 한다. 혈류를 공급해야 하는 사명을 가진 심장이 빨리 뛰는 덕분에 가슴이 두근거리고 숨이 가쁜 증상이 생긴다. 가슴이 두근거리고 호흡이 가빠지는 것은 우리 몸에 이상이 생긴 게 아니라 그 상황에서 살아남기 위해 신체가 적응하는 너무도 자연스러운 반응이다.

위협의 순간에 올바른 판단을 하기 위해 뇌에도 혈류가 많이 공급되어야 한다. 단시간에 급격히 공급되는 혈류로 인해 일시적으로 어지럽거나 얼굴이 붉어지는 증상이 생길 수 있는데, 안전하다고 판단되면 다시 원래대로 돌아간다. 소화기관은 어떨까? 적의 먹잇감이 될 수도 있는, 생존이 위협받는 상황에서 조금 전 먹은 음식을 소화시킬 여유는 사치에 가까워 보인다. 속이 메스껍거나 심하면 구토·설사 등으로 음식물을 비워내서 몸이 가벼워져야 도망치거나 싸우기 위해 빠르게 움직일 수 있다. 발표 직전에 화장실이 붐비는 이유다. 이런 논리로 보면 침샘도 일시적으로 휴업 상태다. 소화할 필요가 없기 때문에 침도 분비될 필요가 없다. 발표를 할 때 입이 바싹 마르고 물을 자주 찾게 되는 것도 이러한 이유에서다. 긴장했을 때 등에 식은땀이 나거나 겨드랑이에 땀이 흘러 당황스러운 경우가 많다. 왜 그럴까? 땀은 체온을 유지시키는 역할도 하지만, 진화론적으로 보면 온몸을 미끄럽게 만들어 상대에게 잡혔을 때 쉽게 빠져나갈 수 있도록 하기 위함이다. 격투기 선수들이 상대에게 잡히지 않기 위해 인위적으로 온몸에 기름칠을 하면 반칙으로 판정되는 것도 이 때문이다.

이처럼 여러분이 걱정하고 두려워했던 떨리는 신체 증상은 생존을 위해 반드시 필요하고 자연스러운 반응이다. 정리하면, 우리 신체의 자율신경계는 교감신경계와 부교감신경계라는 두 가지 요소로 구성된다. 교감신경계는 생명이나 안전이 위협받았다고 느낄 때 작동해서 일시적으로 에너지를 필요한 곳에 보내도록 한다. 부교감신경계는 위협에서 벗어나 안전하다고 판단되면 원래의 평온한 상태로 되돌리는 역할을 한다.

발표 상황은 생존과 상관이 없는데도 왜 자율신경계의 반응이 일어날까? 강도가 눈앞에서 칼을 들고 있거나 사자와 단둘이 마주할 때의 위협은 현재 존재하는 위협이다. 하지만 인간은 눈에 보이는 위험만을 경계하는 것은 아니다. 정확히 판단할 수 없는 환경에 노출되면 스스로 경계를 높이기도 한다. 모르는 사람들 앞에서 이야기를 하는 것은 결과를 예측하기 어렵다. 수많은 가능성 속에서 불안감이 증가하므로 위협에 노출되는 것과 비슷한 반응이 일어난다.

따라서 우리의 뇌는 발표 상황에서도 순간적으로 위협이라 판단하고 교감신경계를 활성화시킨다. 다 끝난 후 무대로 내려오며 '휴, 살았다' 하며 안도감을 느끼고 긴장이 풀리는 이유는 안전하다는 확신을 통해 부교감신경이 활성화되기 때문이다. 이렇듯 우리의 자율신경계는 의지대로 조절할 수는 없지만, 우리도 모르는 사이에 교감신경과 부교감신경은 각자 나름의 균형을 유지하고 있다.

신기하게도 실제로 위험하지 않은 무대 위에서 발표불안을 느끼는 사람과, 강도를 만난 사람의 뇌와 신체에서는 매우 유사한 일이 벌어진다. 이는 오래 전부터 인류의 생존을 위해 설계된 자연스러운 반응일 뿐이다. 오히려 떨지 않으려 인위적으로 노력할수록 스트레스로 작용해 교감신경을 더욱 활활 타게 하는 장작으로 이용될 뿐이다.

이처럼 누구나 긴장되는 상황에서는 떨리거나 가슴이 두근거리거나 호흡이 일시적으로 가빠질 수 있다. 나만 겪는 이상한 반응이라 생각하면 더욱 불안해진다. 누구나 겪는 자연스럽고 일시적인 반응이라는 사실을 아는 것이 중요하다. 이제 곧 우리를 구원해줄 부교감신경이 활성화되어서 우리 몸은 안정을 찾을 테니까 말이다.

자, 여러분은 이제 떨리는 순간 뇌와 신체에서 일어나는 반응에 대해 알게 되었다. 이제 가슴이 두근거리거나 진땀이 난다고 당황하지 말고, 우리를 보호하기 위한 자연스럽고 일시적인 반응임을 상기하자. 이런 신체적 증상을 어떻게 해석하는지가 중요할 뿐이다. 생각해보면 첫 키스 순간의 떨림과 크게 다르지 않다. 단지 발표의 떨림은 불쾌하고, 첫 키스의 설렘은 짜릿하다고 우리가 해석할 뿐이다.

그래도 받아들이기 어렵다면 무대에 오르기 전의 떨림을 멋진 수행을 위한 자동차의 시동이라고 생각해보자. 아주 비싸고 멋진 스포츠카는 시동을 걸면 엔진 소리가 크고 진동도 세다. 여러분의 쿵쾅거리는 심장 박동, 떨리는 손발이 뻥 뚫린 고속도로를 곧 달릴 스포츠카의 가속을 위한 시동이라고 생각하면 어떨까.

02
홍당무는 괴로워

지은 씨는 어릴 적부터 여러 사람의 주목만 받으면 얼굴이 붉어진다.
가벼운 대화 중에도 자신이 주목받는다는 느낌이 들면 어느새 얼굴
이 홍당무처럼 변해버린다. 홍당무가 된 자신의 얼굴을 보고 남들이
이상하게 생각할까 두려웠고, 그런 자신이 싫었다. 지은 씨는 상담을
통해 자신의 인생을 되돌아보거나 약물치료를 받는 것은 큰 도움이
되지 못한다고 생각했다. 레이저 시술과 기능성 화장품도 역시 마찬
가지로 근본적인 해결책이 되지 않았다. 남들의 주목을 받을 것이라
예상되면 평소보다 짙은 화장을 하거나 칼라가 목을 덮는 블라우스
를 입어보았지만, 해결되지 않는 홍당무 증상은 그녀로 하여금 점차
사람들을 피하게 했다. 이런 그녀에게 다른 사람들 앞에서 주목받으
며 발표하는 일은 마치 안전장치 없이 번지점프를 하는 일만큼 위험
하게 느껴졌다. 또 얼굴이 붉어진 자신의 모습을 다른 사람들이 이상
하게 볼 것이라는 생각이 들자 얼굴은 더욱 심하게 붉어졌고, 그녀는

자신의 생각을 확신하게 되었다.

실제로 만성적인 안면홍조(얼굴이 붉어지는 증상)에 대한 두려움을 가지고 있는 사람은 전체 인구의 4-10%에 달한다고 한다. 우울증의 유병률이 5%인 것과 비교해도 매우 높은 편이다. 하지만 이런 증상을 부끄러워하고 쉬쉬하는 탓에 실제로 도움을 청하거나 고민을 털어놓는 사람은 매우 소수이다.

안면홍조 증상은 아직 의학적으로 메커니즘이 정확히 밝혀지지 않았지만, 얼굴과 목의 혈관이 확장되어 혈류가 증가하는 자동적인 심리적, 생리적 반응으로 볼 수 있다. 좀 더 자세히 보면 교감신경이 활성화되어 동맥 혈관을 확장, 혈액이 공급되면서 얼굴의 표피 상의 정맥총(venous plexus)에 적혈구가 축적되는 자연스러운 반응의 일종이다. 즉, 긴장했을 때 일시적으로 혈관이 확장되면서 얼굴이 붉어지는 증상이 생기는 것이다. 앞서 자율신경계의 작동 원리를 함께 보았듯이 낯선 상황에서 일시적으로 교감신경이 활성화되고, 안전을 확인하면 다시 원래대로 돌아간다.

남들보다 피부가 하얗고 얇은 사람들은 이런 혈류의 이동이 조금 더 잘 보일 뿐이다. 정도의 차이가 있을 뿐 누구든지 긴장하거나 당황하면 자연스레 얼굴이 붉어진다. 문제의 핵심은 안면홍조에 대한 '과도한' 두려움이다. 자신의 얼굴이 붉어짐을 과도하게 두려워하거나 수치심의 감정과 관련되면 더욱 심해지거나 오래 지속될 수 있다.

타인의 평가에 대해 과도하게 걱정하는 사람들은 실제 자신의 얼굴보다 더 빨갛고 남들에게 우스꽝스러운 모습으로 보일 것이라 생각하고 불안해한다. 이들에게 실제 증상이 없는 것은 아니지만, 실제보다 훨씬 심하게 걱정하는 것이 문제다. 자신의 안면홍조로 인해 부정적 평가를 받을 것이라는 과도하고 비합리적인 생각은 두려움을 불러일으킨다. 이런 불안과 두려움으로 인해 안면홍조 증상은 더 심해지고, 자신의 왜곡된 생각에 확신을 가지는 악순환을 겪게 된다.

다시 말해서, 얼굴이 붉어지는 신체 증상이 두려움의 원인이라고 생각하지만, 실제로는 자신의 생각이 원인이다. 실제 얼굴의 붉어짐과 사회 불안의 관계를 연구한 논문의 저자들도 이 의견에 동의하고 있다. 물론 기질적 원인으로 인한 만성적 안면홍조 증상은 수술적 치료나 피부과적 시술을 고려할 수 있고, 효과적인 경우도 있을 것이다. 하지만 앞서 말한 것처럼 자신의 왜곡된 생각이 원인인 사람들에게는 이러한 수술이 큰 도움이 되지 못한다. 교감신경을 절제하는 시술로도 불안을 확대하는 자신의 생각을 없앨 수 없다.

긴장했을 때 어느 정도 얼굴이 붉어지는 현상은 일시적이고 자연스러운 신체적 증상이다. 만성적인 안면홍조는 실재하는 증상이 분명하지만, 과도하게 불안해하는 생각만 조절해도 홍조는 좀 더 빠르게 줄어들 것이다.

03
마, 뭘 보노!

"마, 일로 와봐라. 멀 꼬나보노?"

(해석: 야, 너 이리 좀 와봐. 왜 나를 쳐다보나?)

필자는 부산에서 태어나 자랐다. 중학교 1학년 때 일진 고등학교 형들에게 지나가다 붙잡힌 적이 있다. 내 시선이 마음에 들지 않는다며 이번 한 번은 봐줄 테니 용돈을 나누어 쓰자고 했다. 회수권과 용돈을 모두 주고 나서야 풀려날 수 있었고, 그 사건 이후 한동안 껌 깨나 씹을 것처럼 보이는 형들과 눈만 마주치면 가슴이 철렁했다.

이런 경험이 없더라도 다른 사람의 눈을 오래도록 마주치는 일이 쉬운 것은 아니다. 더구나 유교사상이 뿌리 깊은 우리나라에서는 때로는 손윗사람과 눈을 직접 마주치는 것을 무례하다고 생각하는 문화가 아직 남아 있어서인지 공손함의 표현으로 눈을 피하는 경우도 있다. 그보다 더 오래 전에도 눈 마주침(eye contact)은 집단생활에서 생존을 위해 중요한 역할을 했다. 지금 내 앞에 있는 상대가 적인지 아닌지 빠르게 판단하거나, 자신보다 높은 계급 사람들의 눈 마주침에 공포를 느끼고 피하는 행동들은 생존을 유지하는 데 도움을 주기도 했다.

하지만 대화를 하거나 발표의 상황은 다르다. 소개팅에서 만난 상대가 나와 눈을 마주치지 않고 땅바닥을 보고 이야기한다면 호감을 느낄 수 있을까? 기대를 갖고 찾은 강연장에서 발표자가 청중과 시선을 마주치지 못하고 밑바닥만 본다면, 내용이 효과적으로 전달될까?

막상 발표를 위해 사람들의 주목을 받고 떨리는 신체 반응이 시작되면 시선을 피해 숨고 싶어진다. 왠지 사람들이 나를 분석하고, 실수를 찾아낼 것만 같으니까. 그때부터 갈 곳을 잃어버린 나의 두 눈은 사람들의 눈을 피하느라 이리저리 바쁘게 움직인다.

무대나 일상생활에서 그들이 두려워하는 것은 단지 다른 사람의 '눈'이 아니다. 흔히들 눈은 '마음의 창'이라고도 하지만, 결국 상대방의 시선을 판단하는 일은 자신의 뇌에서 이루어진다. 뇌과학적으로 보면 대상, 사람, 상황 같은 외부 정보를 감정, 의도, 생각 등의 내부적인 정보를 통해 정교하게 판단하는 과정을 거친다. 자신만의 생각 프로세스를 거쳐서 그들의 시선을 판단하는 것이다. 똑같은 시선을 누군가는 긍정적인 의미로, 누군가는 부정적인 의미로 받아들일 수 있다. 상대방이 똑같은 시선을 보내더라도 내 기분에 따라서 받아들이는 느낌이 달라지므로 시선에 대한 해석이 매우 중요하게 작용한다.

다시 말해서, 발표의 상황에서 느끼는 시선 공포의 핵심적인 원인은 타인의 부정적인 평가에 대한 두려움이다. 비난받거나 거절당할지도 모른다는 생각의 왜곡이 마음속 깊은 곳에 깔려 있기 때문이다. 또한 우리는 그들의 시선과 표정으로 마음까지 지레짐작하는 독심술의 오류를 범하기도 한다.

'내가 마음에 들지 않는 게 분명해.'

'내 발표가 형편없어서 그렇게 쳐다봤을 거야.'

시선을 피하면 불안을 피할 수 있다고 생각하지만 잠시일 뿐이고, 오히려 불안은 더욱 커진다. 발표에서 시선의 공포를 극복하기 위한 방법은 '생각 바꾸기'를 하며 눈 마주침을 연습해보는 것이다. 오랜 시간 쳐다보지 않아도 좋다. 몇 초면 된다. 왜곡된 생각을 바꾼 후 몇 초의 연습으로도 이전과 달라진 반응을 경험해볼 수 있다. 단, 장시간 오래 쳐다봐야 하는 상황은 만들지 않기를 추천한다. 기분이 좋지 않은 상대방이 여러분의 시선으로 인해 분노할 수도 있으니까.

이제 연습이 좀 되었다면, 실전으로 들어가보자. 무대에 올라 청중 중에 리액션이 가장 좋은 한 사람만 보고 시작해보자. 내가 무슨 이야기를 해도 맞장구를 쳐주고 반응이 좋을 것 같은 한 사람만을 바라보고 발표를 시작하자. 점점 자신감이 생기면 그 옆 사람도 보고, 뒷사람도 바라보자. 몇 사람들이 내 이야기에 긍정적인 반응을 보이는 것을 경험하면, 청중 모두가 나를 포용해줄 것 같은 자신감이 생기기도 한다.

여러분이 떨리는 진짜 이유는 그들의 시선이 아니라 여러분의 '생각' 때문이다.

04
염소 목소리

철수 씨는 평소 사교적인 성격으로 대인관계가 좋은 편이지만 이상하게도 사람들 앞에서 이야기하는 게 어렵기만 하다. 첫마디를 내뱉는 순간 입이 마르고 호흡이 가빠져 목소리가 떨리기 때문이다. 떨리는 목소리는 자신이 긴장했다는 것을 너무나 뚜렷이 드러낸다는 생각에 더욱 두렵고 불안하다. 근육질의 철수 씨에게 떨리는 '염소 목소리'는 수치스러운 콤플렉스다.

물론 스트레스 상황뿐 아니라 지속적으로 발성에 문제가 생긴다면 이비인후과를 찾아서 후두를 비롯한 기질적 원인에 대해 치료받을 필요가 있다. 하지만 대부분 사람들이 걱정하고 염려하는 목소리 떨림은 심리적인 원인으로 긴장 시에 두드러지는 경우가 많다. 발표 시 불안과 긴장으로 인해 호흡이 가빠지고 후두부 근육이 긴장되어 일시적으로 생기는 것이다.

평소에는 아무런 문제가 없는데, 발표만 하면 목소리가 떨리는 원인은 무엇일까? 왜 긴장하면 호흡이 불안정해지고 후두의 근육이 긴장하는 것일까? 앞서 살펴본 것처럼 많은 사람들 앞에서 발표를 할 때 우리의 신체는 보이지 않는 적 앞에 노출되는 것과 같은 위험의 신호로 받아들인다. 마치 사자 같은 맹수와 마주친 상황과 유사하다. 사자와 싸우든 도망가든 산소를 빠르게 받아들여 에너지를 사용하도록 해야 하므로 호흡기관은 쉴 새 없이 호흡해야 한다. 뿐만 아니라 사자의 밥이 될지도 모르는 상황에서 침의 분비도 필요 없다. 그러므로 발표 같은 긴장된 상황에서는 입이 바싹바싹 마르고, 호흡이 가빠지고, 후두 부위가 긴장하여 목소리가 미세하게 떨리는 것이다.

중요한 것은 이 모든 반응은 시간제한적이라는 점이다. 발표 내내 떨리지 않으며, 초기의 긴장된 순간을 넘기면 다시 안정화될 것이다. 이미 의학적으로 증명된 이야기이니 믿어도 좋다.

투쟁-도피 반응으로 인해 자율신경계가 작동해 긴장된다고 해도 얼마 지나지 않아 원상태로 돌아온다. 우리 몸은 계속적으로 긴장 반응이 일어날 필요도 없고, 그럴 수도 없다. 하지만 긴장된 신체 반응은 매우 강렬하기 때문에 주관적으로 꽤 오랜 시간 지속된 것처럼 느끼고, 크게 잘못된 것처럼 받아들인다. 또한 우리 몸의 자율신경계는 참으로 오묘해서 긴장으로 인해 고통스러울수록 이러한 자극이 또다시 스트레스가 되어 신체적 긴장 증상이 더 오래 지속되게 한다.

입이 마르면 물을 마시면 되고, 떨리는 염소 목소리가 나오면 초반에는 염소 목소리로 소개해보면 어떨까. 오히려 단조로운 발표보다는 더 특색 있지 않은가. 역설적으로 이런 생각으로 임하면 염소 목소리는 더 빨리 정상화될 것이다. 실수나 떨리는 신체 반응을 피하려고 스트레스를 받는 일은 더욱 떨림을 가속화할 뿐이다.

일시적인 목소리의 떨림은 사실 청중의 큰 관심사가 아니다. 여러분이 좋아하는 강연이나 공연을 찾아갈 때를 생각해보라. 어디에 집중을 하는가? 과연 여러분에게는 마이크를 든 사람의 목소리가 얼마나 떨리는지가 중요한가, 내용과 주제가 더 중요한가? 심지어 여러분을 직접적으로 평가하는 면접이나 직장에서의 발표도 마찬가지다. 얼마나 떨지 않는 강심장인지를 평가하는 것이 아니라, 어떤 내용을 준비해 효과적으로 전달하는지가 중요하다. 더 중요한 것은 다른 사람들은 여러분이 주관적으로 느끼듯이 떨리는 목소리를 크게 인식하지 않는다는 점이다.

그래도 떨리는 염소 목소리가 신경 쓰인다면 객관적으로 한번 확인해보자. 우리는 살면서 자신의 목소리를 객관적으로 들어볼 기회를 많이 갖지 못한다. 특히나 발표 상황은 더욱 그러하다. 하지만 발표를 망칠 만큼 목소리가 떨렸는지 직접 녹음하거나 동영상을 촬영해서 확인해보라. 또는 친구들과 함께 터놓고 논의해보라. 떨리는 목소리가 콤플렉스였던 직장인 철수 씨는 5주 극복 프로그램의 발표 피드백 시간을 통해 오히려 자신의 목소리가 신뢰감을 줄 수 있다는 것을 알게 되었고, 이것이 불안을 극복하고 자신감을 되찾는 첫 걸음이 되었다고 고백하였다.

우리는 자신이 느끼는 것보다 실제로는 그렇게 심하게 떨고 있지 않다. 단지 주관적이고 과도한 해석일 뿐이다. 여러분도 확인해보자. 혹시 여러분에게만 크게 들리는 염소 목소리는 아니었는지.

05
뱀이 미끄러운 이유

바이올린을 전공한 유빈 양은 무대가 두렵다. 아니 정확히 이야기하면, 느린 곡을 연주할 때마다 떨리는 손 때문에 무대에 오르는 것이 정말 두렵다. 아무리 연습을 하고 마음을 다잡아보아도 무대에서 손이 떨리는 것은 막을 수 없었다. 손만 떨리지 않는다면 완벽히 연주할 수 있을 것만 같은데, 어렵다. 모든 무대가 긴장되는 편이지만, 특히 느린 곡의 연주는 자신의 떨림이 청중들에게 낱낱이 공개되는 견디기 힘든 순간이다. 떨지 않고 싶은 간절한 마음은 같더라도 연주하는 악기마다, 사람마다 떨리는 신체 증상은 조금씩 다르다.

유럽 인지과학음악협회(European Society for the Cognitive Sciences of Music) 회장을 역임하고 음악인의 심리를 오랫동안 연구한 긴스보르 박사도 많은 음악인은 각자의 떨리는 증상을 가지고 있으며 전공하는 악기에 따라 다른 경향이 있다고 했다. 예를 들면 피아노 연주자들은 주로 손가락에 땀이 나고, 현악기 연주자들은 손과 팔이 떨리고, 성악가들은 입이 마르는 것처럼 말이다.

　이러한 떨리는 증상으로 인한 고민은 비단 음악인들만의 이야기는 아니다. 무대와 전혀 관계 없을 것 같은 의대생도 고민이 있었다. 필자가 병원에서 실습하던 본과 3학년 시절에 겪은 일이다. 그날은 교수님 앞에서 회진 환자에 대해 간략히 보고하는 시간이었는데, 너무도 떨렸다. A4 용지 한 장에 간략히 내용을 적어 들고 읽는 순간, 손이 떨려 종이는 휘날리고, 다리는 후들거리며 큰 진동이 온 듯했다. 손과 다리가 떨려 발표 내용에 집중할 수 없었고, 결국은 종이에 적힌 내용도 다 발표하지 못하고 진땀을 흘리며 그대로 성급히 보고를 마무리했다. 손발의 떨림과 흐르는 땀 때문에 나의 불안을 모두에게 들킨 것 같아 창피했다.

　우리가 이런 증상을 더욱 두려워하는 이유는 손이 떨리거나 흐르는 땀으로 인해 실수를 하거나, 다른 사람들에게 자신이 떨고 있다는 것을 들킬까봐 더욱 걱정되기 때문이다. 완벽해야 한다, 아니 완벽하게 보여야 한다, 실수는 절대 용납할 수 없다는 완벽주의적인 경향은 이러한 작은 신체 증상을 크게 키우는 영양분이 된다. 떨리지 않는 척, 괜찮은 척하는 노력은 증상을 더욱 강하고 오래 지속하게 만든다. 더욱이 이런 신체적 증상들에 신경이 분산되면 필자의 경험처럼 진짜 중요한 발표 내용이나 공연의 요소를 잊어버리는 실수를 범하게 된다.

　의학적으로 볼 때 중요한 발표나 공연에서 떨지 않는다는 것은 불가능하다. 문제는 어떻게 대처하는지에 달렸다. 한번 생각해보자. 손을 떨지 않고 땀을 흘리지 않거나, 그런 모습을 들키지 않는 것이 목표인지, 자신의 이야기를 제대로 전달하거나 좋은 음악을 들려주는 것이 목표인지 말이다.

그래도 안정이 안 된다면 무대에서 일부러 떨어보자. 떨리는 증상 때문에 스트레스를 받는 사람에게 무슨 말도 안 되는 소리냐고? 근거가 있는 이야기다. 일부러 떨어보는 방법은 오스트리아의 정신과 의사 빅터 프랭클이 창시한 정신 요법인 로고테라피(logotherapy) 기법 중 하나인 '역설적 강화(paradoxical intention)'라고 한다.

불안해하는 행동을 의도적이고 과장되게 하여 문제 행동에 대한 조절력을 향상시킴으로써 극복하게 하는 치료 전략이다.

이런 심리적 기법은 무대공포증에서 불안의 조절에도 적용할 수 있다. 앞에서 설명했듯이 교감신경은 스트레스를 받으면 더욱 활성화된다. 그러므로 떨지 않으려고 스트레스나 긴장을 주면 더욱 떨릴 수밖에 없다. 하지만 오히려 일부러 떨려고 하면 부교감신경의 영향으로 이완이 되어 떨기 어려울 것이다.

'죽고자 하면 살 것이고, 살고자 하면 죽을 것'이라는 이순신 장군의 명언처럼 너무 떨지 않으려고 노력할수록 더욱 긴장되고 불안은 깊어질 것이다. 이러한 이유로 무대에서 떨리는 신체 증상보다 수행 자체에 몰입하면 어느새 불안은 줄어들게 된다.

말더듬의 공포를 극복하라
〈킹스 스피치〉

"2분 전입니다."

모든 사람이 기립한다. 순간 정적이 흐르고 모든 사람이 주목한다.

영국 국왕 조지 6세는 쉽게 입을 뗄 수 없었다.

"친애하는 국민… 여…여…여러분."

말을 더듬으며 청중의 반응을 살피지만, 청중들의 실망하는 표정이 너무도 잘 보이는 듯하다.

모든 사람이 부러워하는 돈과 권력을 모두 가졌으나 사람들 앞에서 말을 더듬는 공포도 함께 가진 영국의 왕 조지 6세의 실제 이야기를 다룬 영화 〈킹스 스피치〉의 한 장면이다.

발음과 발성을 배우거나, 심지어 차가운 구슬을 입에 넣고 책을 읽는 미신적인 치료 기법 등 숱한 시도를 해봤지만, 어릴 적부터 지속되어온 그의 말 더듬는 증상은 고쳐지지 않았다. 더구나 장남이었던 형이 스캔들로 왕권을 포기하면서 자연히 왕의 자리에 오르게 되면서 더 이상 발표를 피할 수가 없었다. 괴짜 언어치료사 라이오넬 로그를 만나면서 처음에는 티격태격했지만, 점차 환상의 호흡을 맞추며 함께 원인을 찾기 시작한다. 영화 속에서 그의 말더듬이 증상은 4, 5세경부터 엄격한 아버지의 훈육과 황실의 경직된 분위기에서 자라면서 형성되었고, 긴장과 불안을 심화시키는 스트레스 상황에서 더욱 심해졌다. 실제로 말더듬은 어린 시기에 많이 발생되며, 대개는 좋아지지만 주인공의 경우처럼 그렇지 않은 경우도 있다. 여러 가지 언어치료 프로그램이 효과가 있지만, 말더듬에 대한 정서적인 반응과 공포를 줄이는 것도 중요한 것으로 알려져 있다. 그런 측면에서 볼 때 로그는 정식 의사나 자격이 있는 언어치료사는 아니었지만, 심호흡을 가르치고 다른 운동을 하며 말을 하도록 연습시키는 등 긴장을 풀 수 있는 방법을 체득하도록 도와주었다는 면에서 매우 훌륭한 접근 방식을 활용할 것으로 보인다.

사실 처음에 조지 6세와 그의 부인은 빨리 말을 더듬지 않고 발표를 잘할 수 있도록 기술과 기교 위주로 수업을 해달라고 요청한다. 하지만 로그는 단호히 그럴 수는 없다고 이야기한다. 기술을 배워서 해결할 수 있는 일이 아니었기 때문이다. 발표불안과 무대공포증의 경우도 마찬가지다. 많은 사람이 발표불안을 해결하기 위한 빠른 방법이나 필살기를 원하지만, 로그와 마찬가지로 필자 역시 기교만 배운다고 해결되는 것이 아니라고 강조한다. 말을 더듬거나, 목소리가 떨리거나, 가슴이 두근거리거나, 손발이 떨리는 등 밖으로 드러나는 신체적 증상만 빨리 다듬고 교정한다고 해서 근본적으로 해결되는 것이 아니기 때문이다.

그런 식으로 해결될 문제였다면 불안과 두려움을 해결하는 것이 아니라 발음과 발성 연습을 전문적으로 교육하는 곳에서도 가능했겠지만, 조지 6세의 경우에도 모두 소용없었다.

또 한 가지 주목해야 할 부분은 둘의 첫 만남 장면이다. 로그는 조지 6세에게 처음 시끄러운 음악이 나오는 헤드폰을 끼게 하고 낭독을 시켰다. 바보 같은 일이라며 녹음 중반부에 포기하며 그만두었지만, 신기하게도 자신의 목소리를 들을 수 없는 상태에서 녹음에 집중했던 조지 6세의 발표는 말더듬이 거의 없었다. 결국 자신이 말을 더듬는 것에 대한 두려움과 공포가 긴장을 유발하여 증상을 악화시켰던 것이다.

마지막 연설 장면은 보는 이의 가슴을 뭉클하게 했다. 피할 수 없는 전쟁의 상황에서 국민에게 중요한 연설을 해야 하는 상황이었다. 급박하게 이루어지는 중요한 연설에서 긴장감을 감추지 못한 조지 6세는 로그를 다시 찾는다. 로그는 편안히 친구와 대화하듯이 연설할 수 있도록 도와주었고, 조지 6세는 결국 성공적으로 연설을 끝마쳤다.

우리를 괴롭히는 신체적 증상은 우리의 마음이 반영된 결과이기도 하다. 긴장되면 교감신경이 활성화되어 나타날 수 있는 증상이지만, 그 증상이 지속되고 심해지는 원인은 두려움과 불안이다.

떨리는 신체 증상은 각자 다르지만, 핵심은 똑같다. 긴장되면 가슴이 뛸 수도, 얼굴이 붉어질 수도, 팔 다리가 떨릴 수도, 말을 더듬을 수도 있다. 하지만 그 증상을 지속시키는 것도, 더 키우는 것도 바로 여러분의 생각으로 인한 불안이다.

3
무대 위의
여러 가지 감정들

01
불안과 공포의 양면성

불안과 공포는 무대에서 느끼는 가장 대표적인 감정이다. 구글 검색 창에서 불안(anxiety)을 검색하면 42,000,000건 이상의 문서가 검색된다. 불안 관련 서적도 엄청나다. 많은 사람이 불안에 대해 많은 관심을 가지고 있다. 이처럼 불안과 공포라는 감정은 인간의 삶에서 떼려야 뗄 수 없는 감정이다. 특히 발표불안과 무대공포증에서는 더욱 그렇다.

불안을 뜻하는 영어 단어 anxiety는 고대 그리스어 'angh'에 뿌리를 두고 있다. '고통을 겪는'이라는 의미로 쓰이기도 하지만, 일차적으로는 답답하고 불편한 신체 감각을 의미하는 말이다. 심리학의 거장 지그문트 프로이트가 말했듯이 불안은 정상적이기는 하지만 불쾌한 정서적 경험이다. 불안이 과도해지면 주변 환경에 과잉경계를 하게 되고, 실제로는 위협이 존재하지 않더라도 지나치게 걱정하느라 끊임없이 주변을 살피게 된다.

정신의학에서는 불안의 정도와 강도, 기간이 지나쳐 일상생활에 방해를 받는 경우 불안장애(anxiety disorder)라고 한다. 이 정도의 불안까지는 아니더라도 무대에서는 짧지만 극심한 불안을 느낀다. 하지만 모든 사람이 같은 정도로 불안을 느끼는 것은 아니다. 발표를 앞두고 누구나 불안한 감정을 느끼지만, 약간의 긴장 정도로 그치는 사람도 있고, 견디기 어려울 정도의 극심한 공포를 경험하는 사람도 있다.

불안은 매우 주관적인 감정이다. A라는 사람은 20명 이상의 청중 앞에서 이야기할 때는 극심한 불안을 느끼는 반면 소수의 인원 앞에서는 크게 부담을 느끼지 않는다. 반면 B는 오히려 청중이 많을 때 괜찮은 반면, 소수의 사람들 앞에서 이야기할 때면 그들의 표정과 반응이 눈에 띄어 오히려 불안해진다고 한다.

같은 무대라도 개인마다 각자 불안을 다르게 느끼는 이유는 무엇일까? 사람마다 경험, 교육, 양육 방식 등이 다르고, 그로 인해 삶을 살아오면서 세상을 바라보는 틀인 고유의 스키마(schema)가 모두 다르게 형성되었기 때문이다. 여러분의 주변을 살펴보라. 같은 상황에서도 생각과 감정이 사람마다 다르다. 똑같은 상황을 겪어도 누군가는 불안해하고, 또 다른 이는 대수롭지 않게 여기기도 한다.

불안은 때로는 필요한 감정이다. 필자의 어머니는 걱정이 많으신 편이어서 매사에 조심, 안전을 강조하셨다. 반면 아버지는 불안 수준이 낮은 편이라 다소 태평하고 위험이 있더라도 새로운 시도를 하려는 자유로운 영혼이셨다. 아버지는 조금 심할 정도로 자신의 건강을 과신하셨고, 불안해하지 않으셨다. 아들이 의사임에도 진료를 위해 병원을 방문하는 것을 약한 모습이라 생각하셨다. 어느 날 갑자기 쓰러진 아버지의 간에서는 암덩이가 발견되었고, 즉시 수술을 했으나 이미 전이가 되어 있었다. 아들 쿵이의 돌잔치 사진에는 아버지가 함께하지 못했다.

필자가 굳이 가슴 아픈 가정사를 꺼내는 이유는 불안이라는 감정을 느끼는 것이 나쁜 것만은 아니라는 점을 전하고 싶기 때문이다. 상대적으로 불안이 많은 어머니는 위험한 행동은 되도록 하지 않으셨다. 걱정이 많은 어머니의 모습들이 때로는 답답하다고 생각될 때도 있었지만, 지금은 내 옆을, 그리고 우리 가족 옆을 지켜주는 어머니에게 너무도 감사드린다. 아니 어쩌면 어머니의 불안에 감사해야 할지도 모르겠다. 필자 역시 마찬가지다. 호기심이 많고 자유로운 성향을 가지고 있지만, 결정적인 순간에는 내면의 불안 유전자가 안전한 선택을 하도록 도와주었다. 물려받은 불안으로 인해 불편한 점도 있고, 쓸데없는 걱정도 많았던 편이었지만, 그 덕택에 또래 친구들에 비해 위험한 행동을 덜 하면서 성장했다. 시험에 불안을 느끼고 공부를 조금 더 했고, 조금이라도 더 안정된 직장을 선택하려고 노력했다. 지금은 정신과 의사가 되어 불안에 대한 책을 집필하고 있으니 참으로 고마운 감정이다.

불안은 불편한 감정임에 분명하지만 무대에서 자신의 능력을 극대화해주는 원동력이기도 하다. 또한 일상생활에서도 어느 정도 불안을 느껴야 발전이 있고, 좀 더 풍요로운 삶을 영위할 수 있다. 필자 역시 발표를 앞두거나 글을 쓸 때에도 어느 정도의 불안감을 느낀다. 이 불안감으로 때로는 잠을 설치기도 하고, 때로는 조금 예민해지기도 한다. 그러나 불안을 느끼지 않는다면 발표를 잘해낼 수도, 글을 완성시킬 수도 없을 것이다. 지금 여러분의 에너지는 이전에 느낀 불안으로부터 온다는 사실을 기억하시기를!

무대 위의 불안도 마찬가지다. 불안은 여러분의 에너지가 될 것이다.

02
수치심과 죄책감의 정체

전역을 앞둔 황 병장은 갑자기 대학생 시절 영어 발표 시간이 생각나 혼자 얼굴이 붉어졌다. 그의 첫 조별 과제는 영어 발표였다. 이전에는 발표가 부담스럽다는 생각을 하지 않았다. 새 친구들에게 좋은 인상을 남기고 싶은 마음에 의욕이 넘쳤다. 언제나 욕심이 문제다. 준비 내용은 점점 방대해지고 발표 당일까지도 내용이 잘 정리가 되지 않았다. 큰 실수 없이 끝나기는 했지만 성에 차지 않았다. 전 세계인들이 지켜보는 유엔 회의에서도 당당하게 연설했던 방탄소년단의 리더 RM처럼 멋있게 발표하고 싶었지만, 자신의 영어 발표는 초라하게 느껴졌다. 게다가 예상치 못한 교수님의 질문에 제대로 답을 하지 못했다는 자책감으로 발표가 끝난 이후 친구들 얼굴을 보기가 부끄러울 정도였다. 시내 한복판에서 혼자만 벌거벗고 있는 느낌이었다. 발표를 망치고 이런 감정을 느끼고 있는 자신이 부끄럽고 더욱 싫어졌다. 그 후로 몇 년이 지났지만 가끔 그때의 기억이 떠오르면 아직도 수치스럽다.

황 병장처럼 발표를 마친 후 수치심과 죄책감 때문에 괴로워하는 사람들이 많다. 이런 감정이 지속되면 다음 무대를 피하고 도망치고 싶은 마음이 강해진다. 무대공포증과 직접적으로 연관된 감정이라 볼 수 있다.

여러분은 수치심과 죄책감에 대해 어떻게 생각하는가? 많은 사람은 대부분 이런 감정은 나쁜 감정이며, 이런 감정을 느낀다는 사실을 감추고 싶어 한다. 하지만 이런 감정은 실제로 여러분뿐만 아니라 많은 사람이 무대에서 느낄 수 있다. 오히려 이런 감정을 느끼는 상황에 부닥치지 않으려고 아예 발표 기회 자체를 피해버리는 것이 더욱 문제다.

수치심은 주로 자신의 결점이 외부에 노출되었다고 느낄 때 발생하는 감정이며, 자신에 대한 부정적 평가에 의해 유발된다. 마치 무대 위에서 약점이나 실수를 들켰다고 생각될 때 느끼는 감정이다. 쉽게 말해 감추고 싶은 무언가를 들켰을 때 생기는 감정이다.

정신의학에서는 자아이상(ego idea)을 달성하지 못했을 때 느끼는 감정은 수치심(shame), 초자아에 반하는 행동을 했을 때 느끼는 감정은 죄책감(guilty feeling)으로 구분한다. 조금 더 풀어서 이야기하자면 자신이 달성하고자 하는 목표, 즉 '~해야 한다'는 것에 도달하지 못했을 때 수치심을 느낀다. 그리고 하지 말아야 할 자신의 기준을 침범했을 때, 즉 '~ 하지 말아야 한다'는 기준이 무너질 때 죄책감을 느낀다. 다시 말해 수치심이나 죄책감의 감정은 자신의 주관적인 기준에 의해 발생하는 감정이다.

수치심이나 죄책감을 발생시키는 개인적 기준을 초자아(superego)라고 한다. 초자아는 정신분석 용어로, 자신을 평가하며 도덕적 행동을 하도록 한다. '실수를 하면 안 된다'고 여기는 것도 초자아의 기능이고 '나는 oo처럼 연주하고 싶다'는 자아이상도 크게 보면 여기에 속한다. 문제는 초자아가 너무 가혹할 때 우리는 무대에서 수치심과 죄책감을 느끼게 된다. 즉, 자신이 세운 기준이 높을 때 자주 발생하기 쉬운 감정이다. 발표 중 몇 마디 말실수나 초반부의 목소리 떨림 때문에 수치심이나 죄책감을 느끼는 것도 자신의 엄격한 기준 때문이다. "나는 유명 MC처럼 말을 잘하지도 못하고, 유머 감각도 없습니다"라는 식으로 높은 기준을 가진 사람은 너무 가혹한 기준의 초자아를 가지고 있는 것이다. 따라서 어떠한 발표도 그 기준을 만족시키기 어렵기 때문에 좌절을 반복하게 된다. 앞의 예에서 황 병장의 발표는 일반적인 기준으로 보면 형편없는 발표가 아니었을 것이다. 하지만 완벽해야 한다는 자신의 높은 기준에 도달하지 못했기 때문에 수치심을 느끼게 된 것이다. 이런 자신만의 높은 기준은 완벽주의적 경향이나, 한 번의 무대로 자신의 가치를 높게 평가받고 싶은 과도한 욕심에 기인할 수 있다. 수치심과 죄책감을 불러일으키는 것은 타인의 평가가 아니다. 바로 자신이 만든 불가능할 정도의 높은 기준이 만들어낸 감정이다.

그런데 이런 초자아가 너무 관대해도 문제다. 죄책감을 느끼지 못한다. 늘상 뉴스에서 사건의 주인공으로 등장하는 '사이코패스'들이 그렇다. 그들은 기자들의 질문이나 사람들의 비판에도 전혀 죄책감을 느끼지 못하고, 때로는 당당하기까지 하다. 어떤 도덕적 기준을 정해두고 거기에 미치지 못했을 때 수치심을 느끼는 것은 우리가 인간임을 보여주는 자연스러운 감정이고 사회생활을 위해 필요한 것이다. 수줍어하거나 부끄러워하는 것은 사람들과 더불어 살아갈 수 있도록 도와주고, 자신을 지키는 중요한 기능을 가지고 있기도 하니까.

필자의 아들 쿵이가 생후 25개월 때의 일이다. 방바닥에 오줌을 싸도, 기저귀를 가는 도중에 아빠 옷에 응가를 해도 그저 재미있다는 반응이다. 어느 날 내 품에 안겨 있던 그 녀석이 내 바지에 응가를 했는데, 아무리 씻어내도 냄새가 그대로 남아 있어서 하루 종일 나는 수치심을 느꼈다. 그 녀석은 부끄러운 감정을 크게 못 느끼는 듯하다. 사실 수치심 같은 감정은 만 3세는 되어야 느낄 수 있다. 그 전에는 자신에 대한 추상적인 개념을 이해하기 어렵기 때문이다.

부끄러움을 모르던 아이들이 자라면서 새로운 친구나 선생님의 평가를 신경 쓰기 시작한다. 사실 이런 감정을 느낀다는 것은 그만큼 성숙해졌다는 의미이기도 하다. 이렇듯 수치심이라는 건강한 감정은 사회적 행동을 조절하는 역할을 함으로써 우리가 사회의 일원으로 살아가게 해주는 필수적인 감정이다.

과연 여러분은 실수를 통해 어떤 면이 드러나는 것이 두려운지 곰곰이 생각해보자. 발표 내용에 대해 완전히 숙지하지 못한 모습이거나 후배들에게 알리기 싫은, 완벽하지 못한 '좋은' 선배의 모습일 수도 있다. 물론 자신의 약점을 드러내는 일은 쉽지 않다. 더구나 무대 위에서 남들에게 자신의 취약성을 드러내라는 것은 어찌 보면 무리한 요구이기도 하다.

일부러 자신의 결점을 광고하듯 드러낼 필요는 없겠지만, 어쩔 수 없이 드러나는 모습을 억지로 막으려고 하면 오히려 더 큰 탈이 생긴다. 사람은 누구나 자신의 약점을 다른 모습이나 행동으로 감추거나 포장하고 싶어 한다. 마술사가 자신의 트릭을 들키지 않으려고 화려한 의상을 입고 현란한 손동작을 펼치듯, 우리는 떨리지 않는 척하기 위해 인위적 행동을 하거나 수치심을 감추기 위해 불필요한 에너지를 쓰기도 한다. 자신의 진짜 모습을 들키는 것이 두렵고 불안해지는 것이다.

누구나 감추고 싶은 약점이 있다. 하지만 무언가를 들키지 않고 숨기기 위한 인위적인 행동은 오히려 불안과 무대공포증을 키울 뿐이다.

03
우울감과 우울증 구분하기

무대공포증을 주제로 한 강연에서 사연을 받았던 어떤 음대생의 이야기다.

안녕하세요.

저는 예고를 졸업하고 대학에 진학했으나 다시 입시를 준비하고 있습니다. 예고 시절에는 틀려도 자신이 있었고, 무대에서 표현하려는 내용을 어느 정도 달성했습니다. 입시를 거듭하면서 자신감이 떨어지고, 점점 실수가 크게 보여졌습니다. 이제는 아예 완주를 하지 못하고 연주 중간에 건반에서 손을 뗍니다. 연습 부족이라 생각하여 극복하기 위해 연주회에 참여했습니다. 무대에 올라가 가족들, 친구들의 시선을 의식하는 순간 머릿속이 하얘지더니 3악장을 아예 건너뛰고 무대를 완전히 망쳐버렸습니다. 무대를 마치고 내려와 창피해 친구들의 얼굴조차 볼 수 없었습니다.

결국 그 연주로 극복해보고자 했던 무대 공포가 저에게는 시한부 선고가 되어버렸습니다. 어제 또 연주를 망쳤고 이제는 죽고 싶다는 생각까지 들었습니다. 이제 더 이상의 연습도 의미 없고, 사는 것도 무기력해지는 것 같습니다. 도대체 내가 뭘 잘못하고 있는 건지, 연습이 잘못되었는지, 제 멘털이 약한 건지, 도저히 벗어날 수 없습니다. 도와주세요….

실수에 대한 극도의 불안 속에서 희망의 끈을 겨우 잡으며 입시를 준비하고 있던 이 학생은 매사 의욕이 없고 삶의 에너지가 소모되어 우울감을 느끼고 있었다. 배터리가 방전되어 충전이 필요한 핸드폰처럼 말이다.

정신의학에서는 우울의 감정과 우울증을 구분하고 있다. 상실, 실패, 좌절의 스트레스 상황 이후에 오는 일시적인 우울감은 어느 누구에게나 발생할 수 있는 자연스런 감정이다. 하지만 우울증은 상실감 이후 또는 그와 전혀 관계없는 상황에서도 발생할 수 있으며, 우울한 감정이 일정 기간(보통 2주 이상) 지속되고 사회적, 직업적으로 장애를 일으키는 증상을 가리킨다.

그녀의 우울감의 기원은 아마도 타인의 기대를 충족시키지 못했다는 생각에서 유발되었거나, 자신이 평가하는 자기(self)의 과도한 기준에서 오는 상실감 때문일지도 모른다. 또는 반복되는 실패(자신의 기준에 따른)로 인한 좌절감 때문일 수도 있다.

같은 사건을 겪더라도 누구나 같은 감정을 가지지 않는다. 유전이나 완벽주의적 성격 등 개인의 특성도 우울한 감정을 일으킬 수 있다. 정상적 반응과의 차이는 왜곡된 생각으로 부정적 감정을 발생시킨다는 것이다. 슬픔과 우울증의 가장 중요한 차이점은 자신의 여러 가지 측면(장점과 단점)을 인정하지 않고 단점만을 크게 확대하는 왜곡된 생각이다. 즉, 무대를 평가하는 여러 가지 요소 중에서 한두 가지 평가 기준으로 자신을 평가하고, 기준을 달성하지 못했다고 생각하여 죄책감, 우울감을 느끼는 것이다. 무대를 바라보는 시각이 왜곡되면 무대공포증이 생기고, 이런 불안이 지속되면 우울증으로 발전할 가능성이 있다. 이 음대생뿐만 아니라 실제로 많은 사람이 왜곡된 생각으로 인해 우울증에 빠지기도 한다.

또 한 사람의 유사한 사례를 살펴보자.

> 지유 씨는 30대 직장인이자 워킹 맘이다. 직장에서 동료 또는 상사들 앞에서 발표를 해야 할 상황에서 불안이 심해지는 것을 느꼈다. 열심히 해도 좋아지지 않고, 계속되는 실패로 인해 우울감이 지속되었다. 직장에서는 남들의 시선을 신경 쓰느라 계속 긴장하고, 집에서도 육아로 인해 충분히 쉬지 못하고 마음을 돌보지 못해 점점 지쳐가고 있었다.

두 사람의 공통점은 발표를 하든 연주를 하든 계속 자신의 가혹한 기준에 좌절하고, 자신의 본연의 모습을 왜곡되게 인지하여 더욱 위축되었던 것이다. 반복되는 무대에 대한 두려움으로 인한 좌절은 우울감을 발생시키고, 개인에 따라서는 그것이 우울증으로 악화되기도 한다.

혹자는 이렇게 말한다.

"머릿속이 하얘져서 말을 잊지 못하고 발표를 멈췄어요."

"실제로 무대를 망칠 정도로 실수를 했어요. 또 입시에 떨어졌어요."

"제 문제가 진짜 현실적인 문제라면 어떻게 할 수 없지 않나요?"

앞서 이야기했듯이 물론 누구나 이러한 상황을 겪으면 슬픔, 우울의 감정을 경험하게 된다.

그러나 슬픔의 감정을 겪는다고 누구나 우울증이 생기는 것은 아니다. 실제로 무대에서의 큰 실수로 좋지 않은 결과가 생긴다면 슬픔이나 아쉬움의 감정을 느낄 수 있다. 정상적인 반응이다. 슬픔이란 일시적인 감정의 흐름이므로 어느 정도 시간이 지나면 회복된다. 하지만 '나는 역시 안 되나봐. 무대를 망친 나에게는 더 이상 희망은 없어'라는 식의 왜곡된 생각은 우울한 감정을 지속시킬 수 있다. 이런 비합리적인 생각으로 발생한 무대공포증이나 우울감을 그대로 두면 무대 이외의 세상 전체를 바라보는 시각까지도 왜곡되어 우울증으로 발전할 수 있다. 만약 그런 상태라면 더 방치하지 말고 정신과를 찾을 것을 추천한다.

정신의학에서 바라보는 우울증은 여러 가지 원인에 대한 가설이 존재하지만, 현재까지는 생물학적 원인이 크게 작용한다는 설이 대세이고, 약물치료는 매우 효과적인 것이 확실하다.

하지만 우울증에는 왜곡된 생각이 동반된다. 이러한 왜곡을 제거한다면 실제로 현실적 문제가 발생하더라도 덜 고통스러울 것이다. 그러므로 합리적으로 생각을 바꾸면 우울, 불안, 무대공포증을 조절하는 데 확실히 도움이 된다.

무대를 보는 시선을 바꾸면 세상을 보는 관점도 바꿀 수 있다.

04
질투심과 열등감 극복하기

"사촌이 땅을 사면 배가 아프다"는 말이 있다. 세상을 살다보면 사람들의 시기와 질투심이 얼마나 무서운 감정인지 알 수 있다. 많은 스타들은 때로는 별다른 이유 없이 대중에게 뭇매를 맞는다. 그들이 크게 잘못하는 경우도 있지만, 시기나 질투의 감정이 큰 몫을 하기도 한다. 이러한 감정의 무서움을 아는 사람들은 시기, 질투심을 피하기 위해 자신을 낮추기도 한다.

많은 학자들은 질투심이란 남이 뛰어나거나 운이 좋은 것을 불편해하는 감정이라고 지적했다. 자신이 갖지 못한 좋은 것을 가진 사람을 증오하고, 좋은 것을 파괴해버리려는 공격적인 감정으로, 누구나 보편적으로 가지고 있다. 갓 태어나 엄마의 사랑을 독차지하는 동생에게 첫째가 느끼는 감정, 나보다 공부를 잘하거나 친구들에게 인기가 많은 친구들에게 느끼는 감정, 모두가 질투심이다. 그런데 종종 우리는 질투라는 감정을 느끼는 것을 다른 사람뿐만 아니라 자신에게도 숨긴다.

영국의 정치인이자 극작가인 리처드 쉐리던은 질투란 인간의 감정 중 내면에서부터 우러나오는 가장 강력한 감정이라고 지적했다. 영국의 정신분석가 멜라닌 클라인도 시기와 질투는 타고난 본능이라고 했다. 세상을 살면서 우리는 항상 누군가와 자신을 비교하며 이런 원초적인 감정을 느낀다. 특히 발표나 연주 등을 위해 무대에 오를 때는 필연적으로 다른 사람들과 비교하게 된다. 같은 주제로 발표하는 앞사람과 자신을 비교하거나, 선후배들과도 비교한다. 특히 마음속에 담고 있는 라이벌과의 비교는 질투의 감정을 강하게 자극한다.

두 가지 예를 함께 살펴보자.

팀 발표를 앞둔 직장인 석교 씨는 병률 씨가 신경 쓰인다. 비슷한 시기에 입사했고 능력도 비슷하기 때문에 주변에서 늘상 비교를 당한다. 자타 공인의 라이벌이다. 석교 씨는 병률 씨의 다음 차례에 하는 발표가 더욱 긴장된다. 웃으며 박수를 치고 있지만, 머릿속으로 수많은 생각이 뒤엉키는 듯하다. 동갑내기 세기의 라이벌 김연아와 아사다 마오도 그들과 같은 마음이었을까? 발표 때마다 더 잘해야 한다는 생각을 하거나, 인정하기 싫지만 자신보다 더 뛰어난 부분들이 부각되면 생각보다 꽤 고통스럽다.

효진 양은 연주회를 앞두고 고민이 생겼다. 후배와 함께 연주하는 무대가 계속 신경 쓰인다. 친구들, 선후배들 앞에서 후배와 비교되어 면밀히 평가받는다는 생각 때문에 벌써부터 긴장되기 시작한다. 적어도 후배보다는 뛰어난 무대를 보이고 싶은 마음인 것 같다. 문득 상대의 실수를 기대하고 있는 자신에게 놀라기도 한다.

자신의 질투심에 놀란 적이 있는가. 이렇게 옹졸한 감정을 느끼는 자신에게 실망한적 있는가? 하지만 괜찮다. 사실 질투심이란 자신을 발전시키는 원동력이 되기도 한다. 자신보다 발표 능력이 뛰어나거나 연주 실력이 뛰어난 친구나 선후배에게 시기, 질투의 감정을 느낄 수 있다. 오히려 질투심이 내적인 원동력으로 작용해 자신을 발전시키는 경우는 매우 긍정적이기까지 하다. 여러분의 라이벌은 누구인가? 그들에게 어떤 감정을 가지고 있는가?

펩시와 코카콜라, 애플과 삼성처럼. 각자의 분야에서 최고에 오른 이들을 보면 라이벌이 있었다. 질투와 시기심을 느끼고, 자신의 발전을 위해 노력하는 좋은 예가 있는 반면, 열심히 노력할 생각은 하지 않고 남을 깎아내리려는 사람들이 있다. 성숙하지 못한 열등감이다. 이는 자신에게도 이득이 되지 않는다. 무대에서만 국한하여 본다면, 라이벌의 실수를 바라기만 하고 폄하하는 것은 자신의 무대에는 전혀 도움이 되지 않는다.

현대 사회에서는 많은 사람이 열등감 콤플렉스로 스트레스를 받고 있다. 객관적으로 부족함이 없어 보이고 능력이 뛰어난 사람들도 열등감을 가지고 있다. 쉴 새 없이 남과 비교하고, 자신이 부족한 부분을 확대해석하며 좌절한다. 무대에서 자신의 단점과 다른 사람의 장점을 비교하며 나락 없는 벼랑으로 떨어진다. 상대를 경쟁자로만 바라보면 열등감이 꿈틀거린다. 하지만 여러분이 질투와 시기심을 가끔 느끼는 라이벌들은 어쩌면 같은 곳을 향해 함께 달려가는 동료이자 페이스메이커다. 내가 힘들어도 포기하지 않고 계속 전진하는 이유는 그들이 있기 때문이다.

자신의 라이벌과 비교했을 때 여러분의 장점은 무엇인지 생각해보자. 그들이 여러분보다 뛰어난 부분이 있듯이, 여러분도 그들보다 뛰어난 부분이 분명 있다. 그들의 장점을 적극적으로 배우자. 체면 따지지 말고 직접 물어봐도 좋다. 단 한 번의 무대가 아니라 마지막에 웃는 자가 진짜 승자니까. 그리고 그들이 있어 여러분도 끊임없이 발전하고 자신을 돌아볼 수 있는 것이다.

그들이 잘한 부분은 아낌없이 박수 쳐주자. 그러면 그들도 여러분의 장점을 칭찬하고 축하해줄 것이다.

감정적 완벽주의를 경계하라
〈인사이드 아웃〉

인간의 뇌에서 일어나는 다섯 가지 감정의 이야기를 다룬 영화 〈인사이드 아웃〉은 대중이 어렵게 느낄 수도 있는 심리학적인 요소들을 재미있게 풀어냈다.

모든 일이 다 잘될 거라는 '기쁨이'(Joy)

세상은 너무 슬프다는 '슬픔이'(Sadness)

앉으나 서나 걱정이라는 '소심이'(Fear)

매사를 꼬아서 생각하는 '까칠이'(Disgust)

화가 난다 화가 나 '버럭이'(Anger)

물론 인간은 이보다 훨씬 더 많고 다양한 감정을 느끼지만, 이 영화에서는 다섯 가지 감정으로 분류하고 있다. 대부분의 사람은 자신이 실제로 어떤 감정을 느끼는지 모르는 경우가 많다. 그럴 때 차라리 이렇게 몇 가지 감정으로 분류해서 설명하고 이해하는 게 이해를 도울 때가 있다. 필자도 이런 이유로 부정적인 감정을 불안, 분노, 우울 세 가지로 나누어 대중을 위한 감정교육 프로그램을 개발했고, 이를 인정받아 2018년 보건복지부 인력개발원 공모전에서 대상을 수상했다. 세 가지든 다섯 가지든 분류가 중요한 것은 아니지만, 이 영화는 감정의 발생과 필요성에 대해 쉽게 이해하도록 도와주는 영화임에 분명하다

정신과 의사의 눈으로 바라볼 때 몇 가지 재미있는 요소들이 있다.

먼저, 감정들이 '행복'을 목표로 노력하고 있으나, 슬픔이나 버럭이, 까칠이의 감정들이 나쁜 악당으로 묘사되고 있지 않다는 점이다. 보통 우리는 감정을 이분화해서 우울, 분노, 불안한 감정은 부정적이며, 이러한 감정을 느끼는 것을 인정하지 않으려 한다. 또한 우울, 불안 등의 불편한 감정을 느끼는 것은 자신의 멘털이 약하기 때문이라고 생각하거나 의식화되는 것에 죄책감을 느끼기도 한다. 아예 이들 감정이 존재하지 않아야 한다고 여기지만, 실제로는 이것 역시 필요한 감정이다. 우리는 힘든 상황에서 슬픔의 감정을 느끼고 주변의 위로를 받으면 그 감정을 해소할 수 있다. 반대로 슬픔을 인식하지 않고 인정하지 않으면, 결국엔 곪아 터져 우리의 생활에 다른 악영향을 줄 수 있다. 상황에 따라 자연스럽게 발생하는 감정들도 모두 역할이 있고, 부정적으로 보이는 감정들을 느끼는 것도 어느 정도는 필요한 과정이라는 점을 시사한다.

두 번째, 영화 속 감정 컨트롤타워에서 다섯 가지 감정들은 각자의 역할을 가지고 상황에 맞게 적절한 감정이 발생하도록 협업하고 있다. 이들 감정은 힘이나 영향력의 크기에 차이가 없다. 실제 생활도 마찬가지다. 우울, 분노, 불안의 감정들도 각자 그들 만의 역할이 있다.

슬플 때는 슬퍼해야 한다. 사랑하는 사람이 죽음을 맞이했을 때 장례식 기간 적극적으로 슬퍼하는 과정을 통해 우리는 감정을 해소하고 정상적인 애도 반응을 경험해야 한다. 오히려 그때 괜찮은 척, 슬퍼하지 않으려고 하는 것은 매우 위험한 감정을 키울 수 있는, 건강하지 못한 행동이다.

화가 날 만한 상황에서는 화를 내는 것이 자연스럽다. 화를 무조건 참는다고 좋은 것은 아니다. 다만 인간은 사회적 동물이기 때문에 좀 더 건강하고 성숙하게 해소해야 할 뿐이다. 음악이나 춤 등 건강한 취미생활로 승화시키거나, 유머 등의 건강한 방식으로 표출하는 것이 좋다. 불안도 마찬가지다.

마지막으로 한 가지 더! 우리가 공감할 만한 장면도 있다. 주인공 라일리가 샌프란시스코로 전학을 온 뒤 자기소개를 하기 직전의 모습이다. 걱정의 감정을 담당하는 소심이가 일어날 수 있는 좋지 않은 결과들을 리스트로 작성하며 두려워하고 벌벌 떠는 모습을 보인다. '발표'라는 상황에서 최악의 결과들을 생각하며, 불안의 감정이 발생하는 과정을 잘 보여주는 장면으로, 우리의 모습이기도 하다.

이 영화에서 강조하는 것처럼 머릿속에서 수없이 일어나는 감정의 변화에는 의식, 무의식, 핵심기억, 성격 등 많은 요인들이 관여한다. 그로 인해 형성되는 감정은 그 자체가 좋고 나쁜 것이 아니다. 다만, 불편하고 강렬한 감정들이 과도하게 발생하여 일상생활에 지장이 있을 때가 문제인 것이다. 슬픔의 감정을 없애고 기쁨의 감정만을 추구하려는 감정적 완벽주의를 추구하면 오히려 모든 감정을 느낄 수 없는, 통제가 안 되는 상황이 생길 수도 있다.

여러분이 무대 위에서 느끼는 모든 감정들도 그렇다. 불편한 감정을 모두 없애려 하고 긍정적인 감정만을 추구하는 감정적 완벽주의를 경계하라!

4

발표불안의 원인은 '생각'이다

윤닥의 심리 처방전 I

혹시 여러분은 이 책을 읽기 전까지 자신을 그토록 괴롭히는 발표불안(무대공포증)의 원인에 대해 생각해본 적이 있는가? 발표불안 때문에 고민하는 사람들에게 이러한 질문을 하면 의외로 당황스러워하는 경우가 많다. 증상에 대해 고민은 많이 하지만, 무대공포증의 원인에 대해서는 한 번도 생각해본 적이 없기 때문이다.

모든 일에는 원인과 결과가 있다. 엉킨 실타래를 풀기 위해서는 앞뒤로 실을 당기기보다 어디가 엉켜 있는지를 찾는 일이 우선되어야 한다. 물론 세상을 살다보면 때로는 원인에 대해 호기심을 갖기보다 그냥 받아들이는 것이 빠르고 편하다고 느낄 때도 있다. 하지만 보통은 원인을 정확히 파악해야 대처할 수 있다. 우리가 다쳐서 병원에 가면 의사들이 이것저것 물어보고 반복적으로 검사를 하는 것도 질병의 원인을 먼저 파악해야 효과적인 치료를 할 수 있기 때문이다.

그런데 왜 발표불안의 원인은 파악하지 않고 단지 연습을 많이 하거나 스피치 학원에 가면 해결할 수 있다고 생각하는 것일까? 발표불안을 극복하려면 당연히 불안의 원인을 찾는 게 우선되어야 한다. 필자가 만난 많은 사람은 준비와 기회의 부족, 실수로 인해 망신당했던 사건, 타인의 평가, 자신의 성격 등이 원인이라고 생각하고 있었다. 실제로 그런지 하나씩 알아보도록 하자.

여러분의 발표불안 원인은 무엇인가?

01
수치스러운 사건들

'자기야, 일어나떠요? ♡'

아침부터 직장 단톡방에 하트 이모티콘이 뜬다. 이상하다. 공적인 업무와 관련된 내용 이외에는 좀처럼 톡이 올라오지 않는 방이다. 1초도 안 돼서 다시 메시지가 뜬다.

'헉, 죄송합니다'

'못 본 걸로 해주십시오.'

서먹한 단톡방의 분위기를 누그러뜨리는 흥미로운 에피소드였지만, 분명 당사자에게는 손발이 오그라드는 흑역사였을 것이다. 카톡에서는 실수로 입력한 메시지를 삭제할 수 있는 기능이 생겼지만, 우리의 기억은 쉽게 지울 수 없다. 연인에게 보내는 애교 섞인 카톡을 착각해서 다른 사람에게 보내거나, 좋아하는 이성에게 고백했다가 거절당했던 수치스러운 기억들은 잘 잊히지 않는다. 특히 발표 중 실수로 인해 망신을 당한 기억은 시간이 지날수록 더욱 선명해진다.

시간이 흘러 완전히 잊었다고 생각했는데 문득 민망한 흑역사가 떠올라 혼자 얼굴이 화끈거렸던 경험은 누구나 있을 것이다.

많은 사람이 발표 상황에서 크게 망신을 당한 수치스러운 기억에서 쉽게 벗어나지 못한다. 학창 시절에 겪은 꽤 오래된 일일지라도 쉽게 머릿속을 떠나지 않는다. 인체의 위와 장은 먹은 후 12시간 정도까지 소화되지 않은 음식을 담아둘 수 있다는데, 마음은 해결되지 않은 감정을 평생 담아두는 것 같다. 잊으려 할수록 이상하게도 그때의 상황과 감정이 더욱 또렷이 떠오르고, 지금 다시 겪고 있는 것처럼 얼굴이 붉어진다. 중학교 때 급하게 먹다가 체한 떡볶이는 이미 소화된 후지만 같은 날 망신당한 발표에 관한 기억은 언제든지 다시 떠오를 수 있으니 말이다. 트라우마가 되었던 사건은 발표를 격렬하게 피하게 만드는 불씨가 된다.

평소 반장을 도맡아 하며 쾌활한 성격이었던 성훈은 대학생이 된 후 첫 발표를 앞두고 있었다. 열심히 준비하려 했지만 생각보다 내용이 어렵고 정리가 되지 않았다. 전날 밤을 새우느라 머리가 멍한 상태로 발표에 나섰다. 밤을 새우기는 했지만 준비가 덜 된 탓에 자신감은 없었고, 잘해야 한다는 부담감 때문에 긴장되기 시작했다. 머릿속에서부터 말이 꼬여 정신없이 발표를 하는데, 평소에 앙숙이던 친구의 비웃는 소리가 명확히 한 글자씩 귓속을 파고들었다. 발표를 마치고 내려오면서 그 아이의 행동뿐 아니라 자신의 발표에 대해 너무 화가

나고 부끄러웠다. 오랜 시간이 흘렀지만 문득 떠오르는 그날의 기억
은 수치스럽고 괴롭다. 말 그대로 '이불킥'의 상황이다. 다시는 발표
를 할 수 없을 것 같다.

　망신당한 사건의 기억들이 발표불안의 원인일까? 도대체 왜 잊을 만
하면 다시금 떠올라서 괴롭게 만드는 것일까? 우리의 뇌를 한번 들여
다보자.

　망신을 당해 수치심이나 부끄러움의 감정이 생기면 우리가 원하든
원치 않든 뇌의 '편도체(amygdala)'라는 부위에 차곡차곡 저장된다. 편
도체는 '무의식의 뇌'라고 불리는데, 감정은 저장되고 시간이 지나면
사건은 의식에서 지워져 깨끗이 잊은 것처럼 보이기도 한다. 만약 모
든 부정적인 감정이 계속 머릿속에서 떠나지 않는다면 제정신으로 살
아갈 수 있는 사람이 몇이나 될까? 오랜 시간이 지나고, 전혀 그럴 상황
이 아닌데도 수치스러운 감정들이 불현듯 튀어 오르는 이유도 편도체
때문이다. 평소에는 이성의 힘에 의해 편도체에 저장된 감정들이 제어
되어 잊은 듯이 숨어 있다. 그런데 유사한 상황에 노출되어 긴장하거나
당황해 이성의 힘이 풀려버리면 의식으로 튀어나오게 되는 것이다. 정
서지능(EQ)으로 유명한 미국의 심리학자 대니얼 골먼은 이러한 상황
이 납치범들이 항공기를 납치하는 것과 유사하다 하여 '편도체 하이재
킹(amygdala hijacking)'이라 부르기도 했다. 긴장하면 편도체에서 예
전의 부정적 감정이 튀어나와 이성을 납치, 준비했던 것이 하나도 생각
나지 않는 그런 상황 말이다.

발표에서 망신당한 사건뿐만 아니라 술에 취해 옛 여자친구에게 전화나 문자를 보내고 다음 날 후회하거나, 자기 전 몽롱한 상태에서 문득 떠오르는 이런 감정 때문에 화들짝 놀라는 경우도 뇌의 편도체와 관련된 것이다.

하버드대학 경영대학원의 제럴드 잘트만 교수에 따르면 인간의 행동은 95%가 무의식적 본능에 따라 이루어지며, 5%만이 이성적인 결정을 통해 이루어진다고 한다. 그러므로 이성의 제어를 벗어나 무의식적 본능에 따라 감정이 떠오르는 것은 어찌 보면 자연스러운 현상이다.

발표나 무대에서 트라우마를 겪은 다음 다시 도전하는 일은 누구에게나 어려운 일임에 분명하다. 다시 도전할 때면 편도체는 이전과 동일한 위험상황으로 판단해 각종 호르몬들을 동원해 우리 몸으로 하여금 방어하도록 준비시킨다. 뱀에 크게 물린 기억이 있는 사람이 뱀과 유사한 물체를 보는 즉시 두려움을 느끼고 몸을 피하는 것과 유사한 반응이다. 이를 뇌과학에서는 편도체의 '빠른 경로(fast pathway)의 반응'이라고 한다. 이름 그대로 정말 빠르게 판단한다. 1/12초면 끝이다. 뱀인 줄 알고 놀라서 피했는데 자세히 살펴보니 뱀처럼 생긴 나뭇가지였다면 안전하다는 판단을 내리고 긴장이 풀어진다. 천천히 반응하는 한편, 정확하게 판단하는 편이다. 이를 편도체의 '느린 경로(slow pathway)의 반응'이라 한다. 실제로 예전에 겪었던 트라우마 이후에 다시 발표를 하는 상황에서 다시 떨리고 불안한 것은 편도체가 빠른 경로를 통해 위험에 대한 주의를 주는 것일 뿐이다. 느린 반응을 통해 이성적으로 천천히 판단해보면 그때의 여러분과 지금은 다르기 때문에 무대의 결과도 다를 것이라는 사실을 알 수 있다.

딱딱한 뇌과학뿐만 아니라 정신분석적 심리학에서도 같은 맥락으로 설명한다. 대중에게 가장 유명한 정신과 의사인 프로이트도 '방어기제'라는 개념을 통해 여기에 동의했다. 그는 마음속에 수치심이나 두려움과 같은 감정을 담아두면 남들에게 자신의 약점을 들킬까봐 두려워하며 살아가게 되는데, 이러한 두려움이 의식화되는 것을 막기 위해 억압(repression, 받아들일 수 없는 사고나 충동을 의식에서 몰아내거나 의식 속으로 들어오지 못하게 막음)이나 투사(projection, 받아들일 수 없는 내적 충동과 그 부산물들을 마치 자신의 밖에 존재하는 것처럼 받아들이는 반응) 등의 방어기제를 사용한다고 설명했다. 하지만 억지로 누르거나 피한다고 내면의 두려움, 불안감이 없어지는 것은 아니다. 쓰레기로 꽉 찬 종량제 봉투를 억지로 계속 누르면 결국은 옆이 터지듯이 부정적인 감정도 마찬가지다. 해결되지 않는 감정을 억지로 억압하면 결국은 폭발하든지, 무의식을 통제하는 문지기(gatekeeper)들이 느슨해져 감정이 의식으로 떠올라 우리를 당황시킨다.

분석치료에서는 해결되지 않은 부정적인 감정을 다루기 위해 자신의 무의식을 꺼내 계속 들여다보고, 이를 통해 자신이 두려워하는 감정들이 이성적으로 검열되지 않은 부정적 감정들이라는 점을 깨닫는 것을 목표로 삼는다. 즉, 지금 무의식적으로 계속 떠오르는 수치심은 이성적으로 검열되지 않은 예전의 감정일 뿐이라는 것을 명심해야 한다.

마지막으로 행동주의 심리학도 비슷한 의견인 듯하다. 러시아의 유명한 생리학자인 파블로프는 1900년대 초반 개의 침샘 일부를 제거한

후 먹이를 줄 때마다 분비되는 침의 양을 측정하는 연구를 수행했다. 그는 항상 음식을 주기 전 종을 쳤다. 그러던 어느 날 음식 없이 종소리만 들려도 개의 침이 분비된 것을 확인할 수 있었다. 종소리가 들리면 음식을 준다는 것을 학습하여 음식과 아무런 연관이 없는 종소리만 듣고도 머릿속에는 음식이 떠올라 침을 흘리게 된 것이다. 파블로프는 이러한 '고전적 조건화(classical conditioning)' 이론에 따라 공포도 역시 학습된다고 했다.

여러분이 경험한 트라우마의 사건들도 이와 유사하다. 종소리가 울리면 자동적으로 침이 흐르듯이, 발표만 생각하면 당시의 실수와 망신이 함께 떠오르도록 학습된 것이다. 실제로는 직접적인 연관관계가 없고 그때와 지금은 똑같지 않은데도 말이다. 행동주의 이론에 따르면 발표불안은 학습될 수도 있지만, 반대로 소거될 수도 있다.

이처럼 여러 가지 이론들은 여러분이 직접 겪은 트라우마 사건과 현재의 발표불안은 직접적 관련이 적다는 공통된 의견을 제시하고 있다. 기억해야 할 것은 그날의 사건 이후 본능적으로 떠오르는 두려움이나 수치심의 감정은 예전의 감정일 뿐이며, 지금 상황과 큰 관련이 없다는 것이다. 그리고 지금의 여러분은 변했다. 예전의 당신이 아니다. 더 이상 예전 감정으로 고통스러워하며 발표를 피하기보다는 좀 더 철저히 준비해서 발표를 하는 편이 낫다는 사실을 기억하자.

수치스러운 사건은 발표불안의 원인이 아니다.

02
내성적인 성격 때문에

주변을 둘러보면 사람들 앞에서 자신의 이야기를 잘 전달하는 '끼' 있는 친구들이 늘 있다. 우리는 그런 그들을 보면서 유전자 자체가 다른 사람이라며 부러워하고 자신을 위로한다. 내성적인 성격 때문에 사람들 앞에 서는 것조차 어렵다고 생각하는 사람들이 적지 않다. 과연 태생부터 발표를 잘하도록 타고난 '무대 체질'은 존재하는 것일까? 발표에 유리한 성격은 도대체 어떤 것일까?

먼저, 성격(characteristic)에 대해 알아보자. 사람은 타고난 기질과 자란 환경에 의해서 세상 어느 누구와도 다른 자신만의 성격을 형성한다. 심지어 같은 부모에게서 태어나고 자란 일란성 쌍둥이마저도 성격이 같지 않다. 진료실에서 많은 사람들의 이야기를 들으며 알게 된 사실은 누구나 자신의 고유한 성격에 어느 정도 불만을 가지고 있다는 점이다. 타고난 유전자나 기질 또는 환경을 탓하며 자신의 성격에 대한 다양한 불만을 토로한다. 외향적인 성격 때문에 가볍고 진중하지 못하다는 이야기를 듣는 것이 스트레스라고 하는 사람도 있다. 그래도 이들은 내성적인 사람들보다는 나은 편이다. 특히 발표불안으로 고민하는 사람들 중에 자신의 내성적인 성격에 대해 불만을 가진 사람이 많은 것 같다. 이들은 원래 수줍음이 많고 낯을 많이 가려서 남들 앞에서 발표를 하거나 연주를 하는 데 불리하다고 말한다. 심지어 이런 성격 때문에 발표는 꿈도 못 꾸었고, 주목받는 상황조차 견딜 수 없다는 이들도 있다.

내성적인 성격이 발표불안의 원인일까?(사람의 복잡하고 다양한 성격을 둘로 나눈다는 것은 현대 정신의학의 관점에서 보면 옳지 않지만, 대중적으로는 폭넓게 받아들여지는 기준인 듯하다.)

프로이트의 제자이자 영원한 라이벌인 스위스의 정신의학자 카를 융은 심리학적 유형을 외향적(extrovert), 내향적(introvert)으로 나누고, 그 차이는 외면세계와 내면세계에 대한 상대적 관심에서 비롯된다고 하였다. 흔히 외향적이라 하면 활발하며 사교적이고, 내향적인 태도는 수줍은 성격이라고 생각하지만, 융에 따르면 외향적인 사람은 외면세계에 대해, 내향적인 사람은 내면세계에 대해 상대적으로 관심이 높다는 의미라고 한다. 쉽게 말해, 연속된 야근으로 피곤하고 힘들 때 외향적인 사람은 퇴근 후 친구들을 만나 맥주 한잔을 마시며 수다를 떨면서 스트레스를 풀고, 내향적인 사람은 혼자만의 시간을 보내며 재충전을 한다고 보면 좀 더 이해하기 쉬울 것이다.

그렇다고 누구나 외면, 내면에 대한 관심 중 하나로 제한된다는 말은 아니다. 오른손잡이가 왼손을 쓰기도 하고, 왼손잡이가 오른손을 쓰기도 하듯이, 단지 우세한 면이 있다는 의미다.

자, 이제 이러한 성향의 차이가 발표불안과 어떤 연관이 있는지 알아보자. 흔히 외향적인 성격이 발표에 유리하고 반대로 내성적인 성격은 불리하다고 생각한다. 물론 외향적인 사람들은 외부세계에 대한 관심이 높기 때문에 사람들과 만나는 걸 즐기며 소통에 능한 편이다. 하지만 발표는 즉흥성과 친화력만으로 결정되지 않는다. 오히려 외부세계에 중점을 두는 경향은 자신의 발표 내용의 논리성, 적절한 구성 등을 놓칠 위험 요소로 작용하기도 한다. 그리고 이들은 생각보다 행동을 중시하기 때문에 기-승-전-결을 구성하고 세심하게 검토하는 능력은 내향적인 사람들보다 부족할 수 있다.

또한 외향적인 사람들은 불안이 적을 것이라는 것도 고정관념이며, 그들이 가장 억울해하는 점이다. 주변 사람들에게 자신의 불안을 터놓지 못하고 안 그런 '척'하다보니 불안을 더 키우는 경우도 적지 않다. 〈성격의 탄생〉의 저자인 심리학자 대니얼 네틀에 따르면 성격은 5가지 (외향성, 신경성, 성실성, 친화성, 개방성) 측면으로 구성되고, 외향성과 불안과 관련된 신경성 항목은 독립적이라 보았다. 외향적이든 내성적이든 불안을 더 크게 느끼는 성격은 없다는 것이다.

이뿐만이 아니다. 내성적인 성격은 오히려 발표에 유리한 점이 많다. 내성적인 사람들은 일관되게 자신의 내면을 살피고 집중하는 편이다. 또한 자신과 세상에 대한 통찰력이 깊어 그들의 이야기에는 공감의 힘이 실린다. 그러므로 자신의 생각을 논리적으로 정리해 청중에게 전달하는 데에 훨씬 유리한 점이 있다.

애플의 CEO였던 스티브 잡스 역시 내성적이고 예민한 성격의 소유자로 알려졌지만, 이러한 성격을 바탕으로 차별화된 프레젠테이션을 할 수 있었고 경쟁사들 사이에서 두각을 나타냈다. 데일 카네기 역시 내성적인 성격으로 알려졌지만, 대화 및 화술을 교육하는 프로그램을 개발, 운영했다. 따라서 내성적인 성격 때문에 발표불안이 결정되었다고 단정지을 수 없는 것이다.

그래도 자신의 성격이 마음에 들지 않는다면 어떻게 할까? 성격은 기질과 환경의 상호작용으로 형성되는데, 기질의 비중이 대략 70% 정도로 큰 편에 속한다. 사람의 성격이 잘 변하지 않는다는 이야기가 괜히 나온 말은 아닐 것이다. 하지만 자신의 성격이 영 마음에 들지 않는 사람은 타고난 기질은 바꿀 수 없다 하더라도 후천적 노력으로 나머지 30%의 성격을 조금씩 바꿀 수 있다. 실제로 내성적이었던 직장인 호성씨의 경우에는 발표불안을 극복하고 발표의 재미를 알면서 자신감 있고 활발한 성격으로 변해 동창회 회장까지 하게 되었다고 한다.

발표를 꾸준히 연습해서 지속적으로 긍정적인 경험을 하면, 썩 마음에 들지 않는 자신의 성격까지도 변화시킬 수 있으니 일석이조가 아닐까? 더 이상 자신의 소심하고 내성적 성격에 대해 열등감을 가질 필요도 없다. 발표를 피하는 핑계의 수단으로 이용할 생각은 더욱 하지 마라. 모든 성격에는 발표에 유리한 장점이 분명히 존재한다.

내성적인 성격도 발표불안의 원인이 아니다.

03
완벽주의는 늘 불안하다

중국 전국시대에 한 장사꾼이 창과 방패를 팔고 있었다.

그는 방패를 들고 "이 방패는 단단하고 견고해서 어떠한 날카로운 창도 모두 막아낼 수 있습니다."라고 말했다. 그리고 이번에는 창을 들고 "이 창은 매우 날카로워서 어떠한 단단한 방패도 뚫을 수 있습니다."라고 말했다.

그때 누군가 물었다.

"그 창으로 저 방패를 찌르면 어떻게 되나요?"

장사꾼은 아무 말도 하지 못하고 황급히 자리를 떠났다.

말이나 행동의 앞뒤가 맞지 않는 모순을 보여주는 유명한 《한비자》의 일화다. 하지만 여기서는 상반된 두 가지 내용을 동시에 주장한 장사꾼의 모순을 지적하기에 앞서, 모든 방패를 뚫을 수 있는 '완벽한' 창과 모든 창을 막을 수 있는 '완벽한' 방패는 애초에 존재하지 않는다는 사실을 말하고 싶다.

사실 모든 창을 막을 수 있다는 기대를 가진 방패의 완벽주의로 인해 어떤 이유로든 창을 막지 못했을 때의 상실감은 더욱 커진다. 이처럼 완벽함을 기대했던 비현실적인 목표는 상실감과 불안을 야기시킨다. 완벽주의의 덫이다.

완벽주의란 완벽하지 않은 것을 받아들일 수 없는 개인적 기질을 의미한다. 자신의 발표에 실수를 절대 허용할 수 없다는 완벽주의는 이를 달성하지 못했을 때의 죄책감과 그로 인한 불안을 동반한다. 무대에서 완벽히 실수를 하지 않는 사람이 존재할 수 있을까? 어쩌면 그것은 소망을 넘어선 환상에 가깝다. 실수를 하지 않는 게 정말 그리 중요할까? 손석희 앵커나 유재석 씨도 마이크 앞에서 실수를 한다. 오히려 그런 모습이 인간적으로 느껴지고 호감을 주기도 하지 않는가? 실수를 하지 않으려는 강박적인 생각은 더욱 자신을 위축되게 한다.

물론 완벽주의적인 성향은 신중하고 철저히 준비를 하도록 하여 오히려 발전의 원동력이 될 수 있다. 자기 분야에서 성공한 사람들의 원동력은 대체로 일을 완벽하게 처리하려는 마음에서 오는 것도 사실이다. 하지만 발표나 무대에서 실수나 부정적 평가 없이 완벽을 추구하는 가혹한 기준은 오히려 달성하지 못했을 때 죄책감과 불안감을 더욱 키운다. 더구나 이번 한 번의 발표로 뭔가를 달성해야 한다는 생각은 더욱 자신을 초조하게 한다.

완벽을 바랄수록 걱정이 많아지고, 부정적인 경우의 수를 머릿속으로 수없이 예상하게 된다. 완벽히 준비되지 않으면 남들 앞에서 이야기를 아예 시작하지 않으려 하는 사람들도 있다. 자신이 세운 높은 기준 때문에 발표 도중에 생긴 아주 사소한 '실수'가 큰 죄책감으로 변해서 돌아오기도 한다. 정신분석학자 알프레드 아들러도 실패한 완벽주의 는 열등감의 원인이 될 수 있다고 경고했다. 이처럼 타인에게는 관대하지만 자신에게만 엄격한 이중 기준은 자신을 옭아맨다.

민주 씨는 꼼꼼하고 차분한 성격의 소유자로 oo 국가자격증을 취득하기 위해 열심히 공부하고 있다. 학창 시절부터 완벽하게 정리를 한 후 공부하는 스타일이라 남들보다 시간이 오래 걸리는 편이었지만 성적은 매우 좋은 편이었다. 그런데 그녀는 현재 자격증 시험을 3년째 포기하고 있다. 공부를 하고 있지만, 자신의 성에 차지 않아 늘 시험 직전에 포기하고 있다. 문제는 그녀의 완벽주의에서 시작되었다. 첫해에는 개인적 사정으로 조금 늦게 공부를 시작했기 때문에 목표하는 수준에 도달하기 어렵다고 생각해 시험을 포기하였다. 두 번째 해에는 1년을 기다린 만큼 더 잘해야겠다는 생각으로 시작하였으나, 역시 몇 달 남기지 않고 같은 이유로 포기하였다. 아직 시험을 칠 만큼 공부하지 못했다는 그녀의 완벽주의 때문에 몇 년간 시험에 응시하지도 못하고 있다. 그녀는 시험뿐 아니라 발표도 완벽히 준비하지 않으면 시작조차 할 수 없다.

완벽주의가 야기하는 또 다른 무대공포증의 원인은 '욕심'이다. 목표치가 높을수록 자신에 대한 기대가 커진다. 완벽에 가깝게 준비하려는 열정은 좋지만, 발표나 시험을 준비한 것보다 더 잘하려는 욕심은 부담감으로 돌아온다. 평생 무대공포증으로 고민했던 쇼팽은 "무대에서 느끼는 공포는 자신이 할 수 있는 것보다 더 많은 것을 보여주려는 마음 때문이다."라고 말했다. 우리가 수능시험 때 떨리고 긴장되는 이유는 평소 모의고사보다 잘 치려는 욕심 때문이다.

그렇다면 완벽주의는 어디서 왔을까? 우리의 마음 깊은 곳에는 부모님이나 사회로부터 물려받은 사회적, 도덕적 기준들이 이미 자리 잡고 있다. 앞에서도 설명했듯이 프로이트는 이러한 기준을 초자아라고 불렀다. 개인마다 각기 다른 자신만의 기준을 가지고 있는데, 이것이 가혹할수록 완벽주의적 경향이 강하다고 볼 수 있다.

예를 들어 우리는 어릴 적 학교에서 빨간 불이 켜졌을 때는 횡단보도를 건너면 안 된다고 배웠다. 이것은 사회구성원들과의 약속이기도 하다. 도로에 차도 없고, 아무도 보지 않을 때 무단횡단을 하고 싶은 욕구가 생기지만 막상 그러지 못하는 이유는 내 안의 초자아라는 도덕적 기준을 지키려 하기 때문이다. 무단횡단을 한 후에 죄책감을 느끼는 이유도 역시 초자아 때문이다. 하지만 초자아가 너무 엄격하면 세상 사는 게 참 고달퍼진다. 모든 일에 늘 초자아의 눈치를 보며 긴장하고 죄책감, 수치심을 느껴야 하니까. 자신과의 약속을 엄격히 정해두고 작은 실수조차 허용하지 않는다면 얼마나 힘이 들겠는가. 이렇듯 기준이 너무 높으면 더 노력할 수도 있지만 현실과의 괴리 때문에 죄책감을 가질 수도 있다. 만약 초자아의 기준이 너무 높다면 현실과 적정 수준에서 타협하는 것이 좋다. 목표를 무조건 낮추라는 것이 아니라 실수 없이 완벽한 발표를 하겠다는 현실성 없고 추상적인 목표 말고 구체적이고 현실적인 목표를 세우라는 말이다.

자신의 발표불안의 원인으로 준비 부족을 꼽는 사람들도 있다. 하지만 이들이 준비를 시작하지 못하는 이유는 완벽주의로 인한 비현실적 기준 때문이다. 우선 현실적인 목표로 변경하면 조금 더 일찍 시작해볼 수 있다.

때로는 홈런보다 안타가 좋다. 힘을 빼고 여러 번 치다보면 결국은 홈런도 나오고 3루타도 나온다. 완벽한 홈런을 노리고 타석에 들어가면 힘이 들어가서 삼진 아웃이 더 많이 나오지 않는가? 한 번의 발표로 대박을 터뜨리려 하지 말고, 조금씩 안타 수를 늘리자.

완벽함을 원한다면 실수를 두려워하지 마라. 당신이 원하는 완벽함은 실수를 통해 배워야 더욱 가까워진다. 걸음마를 배우는 아기들을 보라. 처음부터 걸을 수 있는가? 걷다가 넘어지고, 다시 일어나고 넘어지는 과정을 통해 걷게 되는 것이다. 발표 불안의 근본 원인이 완벽주의 성향 때문인 사람들이 많다. 그런 분들에게 관심을 가지다 보니 다음 책인 《오늘도 시작이 두려운 당신에게》를 썼고, 디지털 인지행동치료 '퍼펙트 케어'를 개발했다. 인터넷을 통해 완벽주의를 조절하는 인지행동치료에 관심이 있는 분들은 퍼펙트 케어(www.yd-icbt.co.kr)를 활용해보자.

다시 한 번 말하지만 완벽은 없다. 실수가 두려워서 피하려고 애쓸수록 완벽과는 더욱 멀어지고, 오히려 자신의 장점도 발휘하지 못한다. 역설적이지만, 그것이 사실이다.

실수, 좀 해도 된다. 실수해도 좋다. 계속 해보자.

04
타인의 평가가 두렵다

    예전과는 다르게 직장 동료들과 퇴근 후 모임이 많이 줄고, 자기계발을 하거나 집에서 혼자 취미를 즐기는 사람들이 늘고 있다. 직장 내에서 사람들 관계에서 오는 긴장과 스트레스를 퇴근 후에도 이어가고 싶지 않은 사람들의 심리가 반영된 것 같다.

    그렇다. 현대사회에서 우리를 공포에 떨게 만드는 것은 무서운 맹수도 북한의 핵미사일도 아닌, 바로 '타인의 부정적 평가'다. 이 책의 제목처럼 우리가 사람들 앞에 서면 떨리는 이유는 그들의 부정적 평가가 두렵기 때문이다. 비록 혼밥과 혼술이 자연스럽고, 핸드폰과 노트북만 있으면 언제나 남들과 연결되는 세상이지만, 직장에서의 나쁜 평판이나 인터넷 공간의 악플은 극단적인 생각을 하게 할 만큼 치명적이기도 하다. 심지어 해외에서는 운동을 할 때마저도 남들의 시선에서 자유롭고 싶어 불을 끄고 운동하는 '다크 피트니스'도 유행이라고 하니 타인의 시선으로부터 자유롭기를 바라는 것이 우리나라 사람들만의 이야기는 아닌 듯하다.

우리는 남들의 시선에서 자유롭지 못하다. 무대에 올라 여러 사람의 이목이 집중된 상황에서 느끼는 두려움과 불안의 감정은 어찌 보면 너무도 당연한 것이다. 각기 다른 기준을 가진 수많은 눈동자가 자신만을 주시하며 냉정한 평가를 내린다는 생각만으로도 온몸의 세포 하나하나가 곤두서는 느낌이 든다. 그렇다고 도망을 칠 수도 없다. 기껏해야 빨리 발표를 끝내는 선택을 할 수 있지만, 그것 역시 좋은 방법은 아니다. 무대 조명을 모두 끄거나 관객의 눈을 모두 가릴 수도 없다. 노총각 스타의 어머니들이 출연하여 화제인「미우새」라는 예능 프로그램은 방송인이 아닌 어머니들을 배려해서 카메라를 모두 숨겨 긴장을 풀고 촬영하도록 도와준다고 한다. 하지만 실제 생활에서 이러한 배려를 기대하기는 어렵다.

타인의 평가를 신경 쓰지 않을 수 없지만, 그들의 반응을 너무 지나치게 미리 추측해 걱정하는 것은 경계해야 한다. 그리고 혹시 '독심술' 같은 특별한 능력을 발휘하고 있는지 되돌아볼 필요가 있다. 발표를 하는 동안 청중들의 생각이나 마음을 읽을 수 있는 독심술 같은 초능력 말이다.

직장에서 부장으로 승진한 재훈 씨는 팀 프로젝트 발표를 맡았다. 밤새 발표를 준비했지만 부족함을 느꼈고, 회의장의 긴장감에 숨이 턱턱 막혔다. 발표는 생각보다 괜찮게 진행되었고 많은 사람들이 경청하고 있었지만 갑자기 시야에 들어온 하품하는 부장님과 폰을 만지작거리는 김 과장의 지루한 표정이 영 마음에 걸렸다. '내 발표가 형편없어서 다들 집중하지 못하나봐.'라고 생각하며 오늘도 재훈 씨는 선후배들의 마음속을 읽는 독심술의 초능력을 발휘하고 불안과 두려움을 만들고 있다.

재훈 씨의 이야기처럼 타인의 생각을 마음대로 예측하는 것을 '독심술의 오류'라고 한다. 지나가다 눈이 마주친 상대가 자신을 무시한다며 화를 내는 A씨, 소개팅에서 이성을 만나자마자 상대의 무표정한 것은 자기가 마음에 들지 않아서라고 단정지어버리는 B씨 등 우리는 자신도 모르는 사이에 독심술을 쓰고 있다. 실제로 다른 사람의 생각을 읽는 것은 불가능한데도, 무대에 올라 자신의 짐작대로 그들의 반응을 해석하고 과도한 불안을 느끼며 덜덜 떨고 있다. 물론 실제 그들이 그런 생각을 할 수도 있지만, 아닐 수도 있다. 즉, 그 사람 말고는 아무도 모른다. 하지만 왜 우리는 확실하지 않은 사실을 추측하며 혼자 불안해할까?

이와 같은 생각의 오류들은 모든 반응을 자신에 대한 부정적 평가로 추측해서 받아들이고, 과도한 긴장을 느끼게 한다. 마치 평지에서 가상현실(virtual reality) 안경을 쓰고 높은 곳에 올라간 듯 착각하여 공포를 느끼는 것처럼 말이다.

평지에서 폭이 매우 넓은 널빤지 위를 걷는다고 생각해보자. 식은 죽먹기일 것이다. 하지만 건물 10층 높이에 똑같은 널빤지가 걸쳐 있고, 그곳에 서 있다고 생각해보라. 생각만 해도 아찔하고 제대로 서지도 못할 것이다. 분명 널빤지는 그대로인데, 자신이 느끼는 위험은 달라진다. 실제로 10층 높이라면 위험도가 커진 것은 사실이지만, 평지에서는 거뜬히 설 수 있었던, 같은 널빤지가 아니던가. 가상현실의 안경은 뇌로 하여금 실제로 높은 곳에 올라간 듯 착각을 하게 하는데, 이와 유사하게 여러분은 무대에서 자신만의 색안경을 쓰고 청중의 마음을 부정적으로 추측하여 불안감을 증폭시키고 있는 것이다.

발표도 마찬가지다. 친구에게는 부담 없이 할 수 있는 이야기인데, 단지 사람들 앞에서 한다는 생각만으로도 떨리고 진땀이 난다. 여러 사람이 자신의 이야기를 듣고 부정적 평가를 할 수도 있다는 생각에 두려움은 더욱 커진다. 같은 널빤지도 10층 높이에서는 더 좁게 느껴지는 것처럼 똑같은 이야기도 많은 사람들 앞에서 하기 어렵다. 분명 널빤지나 여러분은 변하지 않는데, 자신이 판단하는 위험도가 다르기 때문이다.

이렇듯 발표란 누구에게나 떨리는 일임에는 분명하지만 자신이 느끼는 불안이 적절한지를 따져볼 필요가 있다. 혹시 자신의 독심술 오류로 실제로 1층 높이의 널빤지가 10층 높이에 있다고 오해하고, 더욱 떨고 있는 것은 아닌지 말이다. 즉, 당신의 독심술이라는 생각의 오류가 부적절한 불안감을 증폭시킬 수 있다는 말이다.

어릴 적 〈드래곤볼〉이라는 만화를 즐겨 보았다. '베지터'라는 주인공들은 싸우기 전에 상대방의 전투력을 확인할 수 있는 '스카우터'를 사용했다. 덩치가 크고 근육질처럼 보이지만 실제 전투력은 매우 낮을 수도 있고, 몸집이 작고, 비실비실해 보이지만 전투력이 어마어마하게 높은 사람도 있었기 때문에 냉철한 베지터는 스카우터로 전투력을 체크하고 전투에 임했다.

발표를 할 때도 청중의 반응을 자신의 추측으로 오해하고 괴로워하지 마라. 베지터처럼 정확한 스카우터를 쓸 수 없지만, 적어도 자신만의 왜곡된 안경을 벗고 객관적으로 바라보도록 노력해야 한다.

이처럼 여러분의 발표불안의 핵심적인 원인은 '타인의 평가'에 대한 과도한 걱정이다. 중요한 것은, 그 걱정이라는 것이 사실은 당신의 왜곡된 생각에 기인한다는 사실이다.

(자신의 왜곡된 생각을 바꾸는 방법은 뒤에서 다시 다루도록 하겠다.)

05
생각은 '사실'이 아니다

    디지털 세상이 되면서 종이로 된 신문은 점점 사라지고, 우리는 인터넷으로 기사를 읽고 있다. 다양한 매체들이 많은 기사들을 적으면서 혼란스럽기도 하지만, 기사마다 달린 댓글을 보면 참 흥미롭다. 같은 기사를 읽고도 사람들마다 생각이 다르다. 정치적 이념, 종교, 가치관 등에 따라 동조하기도 하고 분노하기도 한다. 검은 머리가 파뿌리가 되도록 함께 행복하게 살 것을 약속한 지 얼마 되지 않은 신혼부부의 생각도 항상 같을 수 없다.

    신혼부부가 부엌에 있다. 아내가 남편에게 "저녁 식사로 된장찌개를 먹을래요, 미역국을 먹을래요?" 하고 물었고, 남편은 "아무거나 상관없어요"라고 말하였다. 10년 후 이들이 결혼생활에 문제가 있어 상담을 받으러 갔을 때 다음과 같이 그때를 회상했다. 아내는 "남편에게 어떤 것을 먹을지 물었는데도 남편은 관심이 없다고 말했어요"라고 회상했고, 남편은 "아내는 나에게 저녁 식사로 무엇을 원하는지 물었고, 나는 아무거나 상관없다고 답을 했어요. 나는 아내를 도와주려고 했을 뿐이에요"라고 말했다.

이처럼 같은 상황에서도 각자의 생각은 모두 다르다. 하지만 대부분 자신의 생각을 사실로 확신하고 있다. 사람들의 관계에서 갈등이 생기고 싸움이 일어나는 것도 생각이 모두 다르고 각자 자신의 생각이 옳다고 믿기 때문이다. 그런데 생각은 반드시 사실이 아닌 경우가 많다.

'이번 발표 때도 실수를 하고 망신당할 거야'

'갑자기 내용이 기억이 안 나면 어쩌지'

발표를 위해 무대에 오르는 순간 수많은 생각이 머릿속을 스쳐 지나간다. 이런 생각에서 불안, 우울, 두려움 등의 감정이 파생된다. 곰곰이 따져보면 스쳐 지나가는 생각들은 비합리적인 경우가 많다.

떨리고 긴장되는 근본적인 원인이 자신의 생각이라고 이야기하면 대부분은 선뜻 받아들이기 쉽지 않은 듯하다. 대부분 자신의 생각은 사실이며 확실하다고 여기기 때문이다. 당황스러울 수밖에 없다.

조금 더 충격적인 이야기를 해볼까 한다. 여러분이 눈으로 직접 확인한 일들이 실제 사실이 아닐 수 있다면 어떨까? 1999년 미국의 심리학자 크리스토퍼 차브리스와 대니얼 사이먼스가 하버드 대학에서 실시한 '보이지 않는 고릴라' 실험은 인간의 인지능력의 한계를 여과 없이 보여준다. 검은 티를 입은 학생 3명, 흰 티를 입은 학생 3명이 나와 팀을 이뤄 공을 패스한다. 과제는 30초 동안 흰 티를 입은 팀의 패스 횟수를 맞추는 것이다. 여러분도 한번 해보시라. 포털 사이트에서 '보이지 않는 고릴라'를 검색하면 어렵지 않게 동영상을 볼 수 있다. 선수들 사이로 지나가는 고릴라를 보았는가? 대부분의 사람들은 패스를 세느라 6명의 학생들 사이로 유유히 지나가는 고릴라를 보지 못했을 것이다. 이렇듯 바로 눈앞에서 일어나는 상황에도 우리는 관심 있는 것만 유심히 본다. 눈으로 보이는 상황도 이러한 한계가 있는데, 심지어 빠르게 스쳐 지나가는 생각으로 이루어지는 판단들은 어떻겠는가. 다른 상황을 제외하고 무대에서 일어나는 상황만을 봐도 우리의 자동적인 생각은 종종 비합리적이고 왜곡되어 있다. 왜곡된 생각, 즉 생각의 오류는 불안을 불러일으킨다. 따라서 비합리적인 생각의 오류를 바로잡고 합리적인 생각으로 바꾸면 불안의 감정도 변한다.

필자가 인지행동치료를 배운 메타연구소 최영희 선생님께서 자주 예로 들려주셨던 일화를 소개하겠다.

A군은 학교 복도에서 평소에 안면이 있는 교수님을 만나 반갑게 인사를 했다. 하지만 그 교수님은 표정이 굳은 채로 A군을 본체만체 인사를 받지 않고 그냥 스쳐 지나갔다. 그 순간 A군은 '자기가 교수면 다야? 사람이 반갑게 인사를 하면 받아줘야 할 것 아니야' 하며 분노했다. 강의실 문을 열고 들어가 씩씩거리며 친구에게 이야기했다.

"진짜 열받네, 그 교수님 그렇게 안 봤는데…."

사정을 이야기했더니 친구가 조심스럽게 이야기했다.

"못 들었어? 교수님 가족이 갑자기 교통사고를 당했다는 연락을 받고 응급실로 뛰어가셨어."

그 이야기를 들은 A군의 감정은 어땠을까? 여전히 분노의 감정이었을까? 아마도 대부분의 사람은 분노의 감정이 순식간에 사그라들고 걱정 또는 안타까움의 감정까지도 생겼을 것이다.

그의 감정이 변한 이유는 무엇일까? 상황이 바뀐 것도 아니고, 그렇다고 교수님이 돌아와 직접 사과를 한 것도 아니다. 그런데 분노의 감정에서 걱정과 연민의 감정으로 바뀌는 데 걸린 시간은 단지 몇 초에 불과했다. A군의 감정이 변한 이유는 그의 '생각'이 달라졌기 때문이다.

실제로 우리의 뇌는 매우 짧은 시간에 정보들을 통합하고 판단을 내려 감정을 발생시킨다. 그리고 이 감정의 근원이 되는 생각은 우리 머릿속에서 매우 빨리 스쳐 지나간다 하여 '자동사고(automatic thought)'라고 부른다. 자동사고는 때로는 부정적 감정을 유발하여 일상생활에 도움이 되지 않는다고 하여 '역기능적 사고(dysfunctional thought)'라고도 부른다.

비합리적인 생각을 한다는 것이 잘못된 것은 아니다. 누구나 많은 생각들 중에 비합리적이고 왜곡된 사고를 할 수 있고, 부정적인 감정을 발생시킬 수 있다. 자동사고는 직관적으로 떠오르는 생각에 가깝기 때문에 아무리 이성적인 사람이라도 비합리적인 사고를 할 수 있다. 완전한 정보를 모두 얻기 전까지 어떠한 판단과 행동을 하지 않는다면 생존에 불리하기 때문에 우리의 뇌는 제한된 정보로 빠르게 판단하도록 설계되었다. 예를 들어 화재로 의심되는 상황에서 대피하지 않고 완전히 상황을 파악한 후에 행동하려고 한다면 생명을 잃을 확률이 매우 높아진다. 그러므로 불완전한 정보로 빠르게 판단해야 하는 우리 뇌의 특성상 비합리적인 사고가 필연적으로 발생하는 것이다.

이런 이유로 매사에 이성적이고 합리적으로 보이는 법정의 판사나 철학과 교수마저도 순간적으로 왜곡된 생각을 가질 수 있다. 이렇듯 여러분의 부정적 감정은 순간적인 자동적 사고의 오류(인지왜곡)로 발생된다. 물론 누구나 당연히 부정적인 감정이 발생할 수밖에 없는 상황도 있지만 말이다.

개인의 자동적인 사고는 자신과 세상, 미래를 보는 틀인 개인의 스키마(schema)의 영향을 받는다. 스키마는 앞에서 설명했듯이 성장 과정에서 부모님의 양육, 교육, 대인관계에 영향을 받아 형성되고, 개인의 가치관, 성격 등과 밀접한 관련이 있다. 그러므로 사람마다 같은 상황에서 다른 생각과 감정을 가지는 것이며, 여러분이 무대에서 발표를 하거나 어떤 공연을 할 때 불안이나 두려움을 느끼는 것도 생각과 스키마의 영향이다.

중학교 때 책을 읽는 도중 음이탈이 나서 친구들 앞에서 망신을 당한 이후로 발표를 계속해서 회피해온 사람은 유사한 상황이 되면 '발표할 때 실수를 해 망신을 당할 것이다'라는 생각이 자동적으로 떠오를 수 있다. 더구나 이런 생각이 합리적으로 맞는지 확인할 새도 없이 불안, 긴장의 반응에 압도되어 두려움에 떨게 된다. 결국 이전의 경험과 자신의 생각이 만들어낸 '발표불안'의 스키마에서 벗어나지 못하고 있는 것이다.

무대 위의 공포를 발생시키는 여러분의 생각들은 사실이 아니다. 생각의 오류가 두려움, 불안의 감정을 마구 생산해낼 뿐이다. 발표불안의 근본적인 원인은 바로 '생각'이다.

06
불안의 근본적 원인은 생각의 오류
_바꿔야 할 5가지 생각들

앞서 필자는 생각의 오류가 발표불안·무대공포증의 근본적인 원인이라고 했다. 그렇다면 도대체 우리의 생각은 어떤 부분이 왜곡되었으며, 비합리적이라는 말인가?

우리의 떨리는 반응을 일으키는 생각의 오류는 다양하다. 이번 장에서는 흔히 발표의 상황에서 불안을 야기하는 인지왜곡(생각의 오류) 다섯 가지에 대해 알아보도록 하자.

1. 전부 아니면 전무라는 생각(흑백논리)

'실수하면 망할 것이다.'

'내 인생에서 성공한 발표는 없어.'

성공하지 못한 발표는 실패라는 흑백논리의 왜곡된 생각은 발표나 무대 직전의 불안감을 증폭시킨다. 이러한 생각의 오류는 어떤 사실을 연속적 개념보다는 오직 두 개의 범주로 나누고 둘 중 하나로만 판단한다. 발표의 결과를 성공 또는 실패 둘 중 하나로 여기기 때문에 실수를 극도로 두려워한다. 약간의 실수라도 있으면 성공이 아니라고 판단하고 다른 사람들이 자신의 발표를 형편없다고 평가할 것이라 추측한다. 그런데 정말 그럴까?

학창 시절 전교 1등을 놓치지 않았던 공부 잘하는 친구가 있었다. 그 친구는 시험에서 실수를 무척 두려워했고, 매번 시험이 끝나면 망했다며 스트레스를 받았다. 기말고사 이후 시험을 망쳤다고 이제 공부를 포기해야겠다며 자책하는 그를 주변 친구들은 달래기 바빴다. 그런데 결과는 전교 3등이었다. 물론 전교 1등을 하던 그 친구에게는 매우 실망스러운 결과일지라도, 객관적으로 보기에 그 시험이 실패였다고 보기는 어렵다.

일등과 꼴찌 사이에는 많은 등수들이 있고, 흑과 백 사이에는 다양한 회색 계열이 연속적으로 존재한다. 발표나 무대에서의 결과도 마찬가지다. 자, 눈을 감고 가상의 일직선을 상상해보자. 본인이 생각하기에 자신의 인생에서 성공에 가까운 발표를 일직선상에서 가장 우측에 두고, 실패에 가까운 발표를 가장 왼쪽에 위치시켜보자. 이러한 생각의 오류를 가진 사람들에게 첫 번째 장애물은 성공에 가까운 발표를 찾는 것이다. 자신의 발표는 성공에 접근해본 적도 없다는 것이다. 발표와 관련된 생각이 항상 부정적인 결론 근처를 떠나지 못한다. 발표 이외의 다른 무대 위의 수행도 마찬가지다.

가장 최근에 했던 발표는 그 사이 어디쯤 위치하는가? 어디까지가 성공이고 실패인지 명확히 말할 수 있는가? 일직선상에서 어디에 위치하든 성공인지 실패인지 명확히 나누어 이야기하기 어려울 것이다. 발표의 결과는 언제나 성공과 실패 두 가지로 양분되지 않는다. 그러므로 성공하지 못하면 모두 실패라고 생각하는 것은 흑백논리에 의한 인지 왜곡(생각의 오류)이다. 이러한 이분법적인 생각의 오류는 발표불안을 쑥쑥 성장하게 만든다.

2. 긍정적인 것 인정하지 않기

발표가 끝난 후에도 후련하지 않다.

"정말 좋은 발표였습니다."

"너무 잘 들었어요."

그냥 예의상 하는 이야기겠지. 내 실수를 보고도 저렇게 이야기하는 거라면 비꼬는 게 아닐까?

이런 생각의 오류를 가지고 있는 사람들은 무대가 끝나도 항상 불안하다. 발표 이후 좋은 평가를 듣더라도 그대로 받아들이지 않는다. 심지어 자신만이 알 수 있는 작은 실수로 죄책감에 빠져 우울감을 느끼기도 한다. 많은 사람이 긍정적으로 평가하더라도 그들의 칭찬에 귀를 기울이지 않고 부정적인 반응을 확대해서 마음속에 간직한다. 혹시라도 자신의 발표 결과가 실제로 좋았다는 것을 확인하더라도 우연일 거라고 무시하며 불안의 감정으로 재빨리 돌아간다.

어쩌면 이러한 반응은 무대공포증을 일으키는 생각의 오류 중에 가장 파괴적인 유형일 것이다. 아무리 발표를 잘해내고 좋은 평가를 받더라도 항상 부정적으로 받아들인다면 좋은 감정이 생길 리 없다. 발표를 위해 준비한 노력과 자신의 성과를 아무것도 아닌 것으로 만들어 버리는 힘 빠지는 생각의 오류를 경계해야 한다.

3. 독심술의 오류

'내 강의가 지루한가? 왜 하품을 하지?'

'핸드폰을 만지는 부장님은 내 발표에 실망하셨나?'

이런 생각의 오류를 가지고 있는 사람들은 청중의 작은 표정 변화, 리액션, 반응에 매우 민감해지며, 그들의 마음을 자기 마음대로 예측한다. 사람들 앞에서 발표를 할 때면 자신도 모르는 사이에 청중의 마음을 읽는 독심술의 능력을 발휘한다. 현실적인 여러 가지 가능성을 고려하지 않고 다른 사람의 생각을 부정적으로 추측해버린다. 물론 실제의 대화에서 비언어적 요소(눈빛, 표정, 몸짓)는 상대의 진심이나 의도를 파악하는 데 도움이 되기도 한다. 하지만 문제는 그들의 반응을 마음대로 부정적으로 해석하는 데 있다.

여러분은 만약 발표 도중 앞자리에서 졸고 있는 청중을 발견했다면 무슨 생각을 할까? '내 발표가 얼마나 지겨우면 맨 앞자리에서 졸고 있을까. 다른 사람들도 다 그렇게 생각하겠지.' 이렇게 부정적으로 추측하고 믿어버리면 당황해서 머릿속은 하얘지고, 자신감은 떨어진다. 이미 그는 자신의 발표가 형편없다는 추측의 근거를 찾기 위해 앞사람의 미세한 근육의 떨림에도 전전긍긍하며 집중력이 분산되고 있다.

그 청중이 실제로 어젯밤에 밤새 회식을 하여 피곤한지, 아니면 발표가 지겨워서 졸고 있는지 확인할 수 없다. 여러분의 추측이 맞을 수도 있지만, 아닐 가능성도 충분히 있다. 일일이 물어볼 수도 없는 노릇이다. 그렇다고 확인할 수 없는 상대방의 생각을 부정적으로 예상해서 미리 괴로워하고 불안해할 필요가 있을까? 더구나 이러한 독심술을 계속 쓰면 그러한 믿음이 진짜 현실이 되는 악몽이 일어날 수도 있다.

4. 재앙화 사고 또는 점쟁이 오류

'다음 발표는 보나마나 망할 거야.'

'잘한 적 없었는데, 이번이라고 잘되겠어?'

재앙화 사고는 현실적 고려 없이 미래를 부정적으로 예상하는 것을 말한다. 이런 생각의 오류를 가지고 있는 사람들은 발표가 예정되는 순간부터 머릿속에서 이미 보나마나 망했다고 생각한다. 아직 준비조차 시작하기 전부터 이전 실패의 기억을 바탕으로 벌써 최악의 결과를 예상하며 고통받고 있다. 자세히 살펴보면 중간 검토 과정이 생략되고 최악의 상황만을 추측하고 있다. 언제나 근거 없이 최악의 상황을 예측하기 때문에 항상 불안하거나 우울한 감정이 떠나지 않는다.

또는 예전 한 번의 부정적인 결과를 잊지 않고 기억하며, 이후의 많은 긍정적인 결과를 희석시킨다. 이번에는 운이 좋았을 뿐이라며, 언제나 다음번 결과를 부정적으로 예상한다.

만약 이전에 준비가 부족했기 때문에 결과가 좋지 않았다면, 이번에는 다르게 준비하고 연습하면 된다. 하지만 이러한 생각의 오류를 가진 사람들은 준비도 시작하기 전에 최악의 상황을 확신하며 상황을 회피하려 한다. 이렇듯 시작 전부터 현실적 상황에 대한 고려 없이 막연히 최악의 상황만을 연상하는 재앙화 사고의 오류는 무대공포증으로 직결된다.

5. 당위 진술(must, should)
'절대 실수를 하면 안 된다.'
'준비한 내용을 빠짐 없이 발표해야 한다.'

이런 생각의 오류는 자신만의 고정된 기준과 방식을 가지고 이를 무조건 충족시켜야 한다고 여긴다. 발표를 어느 정도 하기 위해서는 유명 방송인이나 정치인처럼 잘해야 한다고 과도하게 높은 기준을 세우거나, 내용적 측면에서 상당한 전문적 식견을 갖춰야 한다고 생각해 자료 조사에 너무 많은 시간을 보내기도 한다. 또한 자신의 행동이 이런 기준을 충족하지 못했을 때 수치심, 죄책감을 불러일으킨다. 이는 완벽주의에서 기인하기도 한다.

발표에 정답은 없다. 그리고 완벽도 없다. 더구나 발표는 전문적 수준의 지식을 갖추거나 유명 연예인처럼 말을 잘해야 할 수 있는 것도 아니다. 자신에게 관대하고 남에게 엄격해도 문제지만, 그 반대의 경우에도 언제나 자신에게 실망할 수밖에 없다.

또한 발표는 대본 그대로 100% 완수해야 하는 시험이 아니다. 청중의 반응에 따라 즉흥적으로 이루어지는 이야기가 더욱더 큰 감동을 불러올 수도 있다. 자신만의 고정된 틀에서 벗어나기를 두려워하는 것도 생각의 덫에 빠졌기 때문이다. 이처럼 '~해야 한다'는 당위 진술의 생각오류는 과도한 기준을 세워 자신의 실제 발표를 목표에 도달하기 어렵게 만들기 때문에 발표불안과 무대공포증을 발생시킨다.

발표불안·무대공포증을 야기하는 인지왜곡(생각의 오류) 다섯 가지를 알아보았다. 물론 이외에도 수많은 생각의 오류가 있다. 개인마다 유형은 다를 수 있지만, 불안과 공포를 발생시키는 것은 인지왜곡 때문이다. '불안에 빠져 오류를 보이는 뇌'는 무대 위에서 여러분을 과도하게 긴장시킨다.

나쁜 기억을 지울 수 있다면
〈푸른 바다의 전설〉

"내 비밀을 하나 말해줄까요? 난 기억을 지울 수 있어요."

드라마 〈푸른 바다의 전설〉은 여자 인어인 심청(전지현 분)과 남자 인간(이민호 분)의 사랑을 그린 드라마다. 심청은 사고로 바다에서 육지로 올라오게 되었다. 바다에서는 '쎈' 언니였지만, 인간 세상은 생각보다 적응하기 쉽지 않았다. 하지만 그녀에게는 기억을 지울 수 있는 초능력이 있었다. 이런 능력이 있다면 어떨까? 여러분은 지워버리고 싶은 '나쁜 기억'이 있는가?

-혼신의 힘을 다한 강의에서 부정적인 청중의 반응과 피드백
-열심히 준비한 공연에서 치명적인 실수
-떨리는 목소리를 비웃는 친구들의 놀림

이처럼 누구나 발표의 상황이나 무대에서 수치스러운 기억이 있다. 깨끗이 지우고만 싶은.

사실 우리는 살면서 많은 기억과 함께 살아간다. 하지만 정신의학에서 기억을 분류할 때 '좋은 기억'과 '나쁜 기억'으로 분류하지 않는다.

- 시험을 위해 책을 읽고 공부한 내용같이 추상적이고 일반적인 지식에 관련된 의미기억(semantic memory),
- 수영을 배우고 기억해 무의식적으로 헤엄칠 수 있는 것처럼 어떤 과제를 해결하거나 행동을 수행하는 데 요구되는 지식이나 기능에 관한 기억인 절차적 기억(procedure memory),
- 여자친구와 처음 만난 날의 추억처럼 구체적이고 자서전적 사건들과 관련된 일화기억(episodic memory) 등 기억은 다양한 형태로 분류된다.

무대에서의 실수와 같이 개인이 겪은 사건과 관련된 기억을 '자전적 기억(autobiographic memory)'이라고 한다. 이 기억에는 대부분 감정이 따라다닌다. 그리고 일반적으로 부정적인 감정이 동반된 기억은 그렇지 않은 것들에 비해 쉽게 회상된다. 그러므로 이런 기억들은 잊으려 하면 더 선명히 떠오를 뿐 아니라 원하지 않은 순간에 소환되어 우리를 괴롭히기도 한다.

아주머니는 딸과 비슷한 나이의 아이들을 보거나, 병원이나 수술이 연상되는 상황에서 후회와 죄책감을 느끼고 우울해했다. 주인공인 심청은 투병하던 어린 딸의 죽음 이후 죄책감과 우울감으로 힘들어하는 아주머니에게 기억을 지워주겠다는 제안을 한다. 여러분이라면 이 제안을 받아들이겠는가? 기억을 지우면 우울한 감정이 회복될까?

우리 뇌에서 기억 시스템과 연관된 부위는 해마와 편도체다. 해마 기억 시스템은 감각 정보를 받아들여 과거의 기억 중 단순한 사실(fact)을 떠올리는 역할을 한다. 동시에 편도체는 자동적 감정 반응과 혈압 상승, 심박동수 증가, 땀 분비 등 교감신경이 항진되는 신체적 반응을 유발한다. 조금 더 쉽게 말하면 언론사의 기자처럼 사실을 전달하는 역할을 하는 것이 해마, 각종 비유와 필력으로 감성을 자극하는 시인은 편도체라고 할 수 있다. 인생에서 어떠한 사건이 기억으로 남을 때 사실적인 서술과 동시에 편도체에서 정서적 색깔을 칠해서 저장한다고 보면 된다. 아주머니가 겪은 딸의 죽음이라는 사건은 부정적인 감정이 강렬히 연결되어 저장되어 있다.

딸을 잃은 아주머니는 심청의 제안을 거절했다. 딸에 대한 좋은 추억까지 지울 순 없다고 했다. 사실 그녀의 선택은 옳은 것일지도 모른다. 딸의 죽음에 대한 서술적인 기억을 지운다고 부정적인 감정이 해결된다는 보장도 없을 뿐 아니라 그녀의 말처럼 딸과의 좋은 추억까지 모두 지워버릴 수 있으니까.

물론 실제로 이런 능력은 존재하지 않으며, 그런 약물도 없다. 실제로 많은 분들이 그런 약이 없다는 것을 알지만 약간의 기대감을 가지고 병원을 찾기도 한다.

여러분도 그런 기대를 했을지 모르겠다. 발표불안과 실수 같은 수치스러운 기억을 지울 수 있다면 좋겠다고 생각하지만, 서술적인 기억을 지운다고 모든 것이 해결되지 않는다. 감정과 연관된 편도체의 기억을 없애지 못할 수도 있지만, 정서적인 반응을 조절하도록 노력하는 것이 현실적인 해결책일 것이다. 이런 반응을 조절하는 데 여러 가지 방법이 도움이 될 수 있겠지만, 조금 더 과학적이고 검증된 방법이 인지행동치료법이다. 기억을 지우려고 노력하기보다는 이 과정을 통해 나쁜 기억과 부정적 감정을 동시에 연결짓지 않도록 하는 것이 중요하다. 우리를 고통스럽게 하는 것은 상황이나 사건에 대한 기억이 아니라 '과거의 감정'이 현재까지 계속되는 것이니까.

당신을 괴롭히는 것은 과거의 기억인가, 지난 과거에 대한 감정의 반응인가?

5
'함께' 생각을 바꾸면
불안도 줄어든다

윤닥의 심리 처방전 II

발표 스트레스를 극복하는 법

대학생 기헌은 이번 학기부터 개인별 발표를 성적에 반영한다는 교수님의 말씀에 하늘이 무너지는 듯했다. 이 과목을 수강한 이유가 시험 없이 개인별 리포트로 성적을 준다는 소문 때문이었다. 시험을 피하려다 두려워하는 발표를 하게 되었으니 혹을 떼려다 오히려 더 큰 혹을 달게 된 셈이었다. 조별 발표도 피하고 싶은데 개인별 발표라니, 생각만 해도 스트레스를 받는 상황이었다.

스탠퍼드 대학교 교수이자 스트레스 전문가인 로버트 새폴스키 박사에 따르면 스트레스(stress)란 우리 몸의 항상성을 깨는 외부의 상황이나 사건을 의미한다. 평온하고 안정된 일상생활을 뒤흔드는 발표, 연주, 면접 등의 상황은 모두 스트레스로 작용한다. 그 무대가 아무리 즐겁고 성공적이라 하더라도 말이다. 스트레스로 인해 떨리고 긴장되는 반응은 신체가 원래의 항상성을 되찾기 위한 과정이다. 원래의 상태로 돌아가려는 그 반응은 매우 자연스러운 현상이기도 하다.

스트레스 반응은 불안 등의 불편한 감정을 야기시킬 수 있기 때문에 누구나 처음에는 변화를 반기지 않는다. 항상성을 깨는 변화를 모두 나쁜 스트레스라고 여긴다면 요즘 같이 급변하는 세상에서는 모든 사람이 스트레스 때문에 미쳐버릴지도 모른다. 스트레스는 다 나쁜 것일까? 그렇지 않다. 캐나다의 스트레스 연구가 한스 셀리에는 정신건강을 해치는 나쁜 스트레스를 디스트레스(distress), 건강을 유지시켜주는 좋은 스트레스를 유스트레스(eustress)로 구분했다. 좋은 스트레스도 있다는 말이다. 비싼 돈을 내고 들어간 놀이공원에서 한 시간 넘게 기다려 롤러코스터를 탈 때의 짜릿한 느낌, 축구 한일전에서 연장전 끝에 상대편의 골문을 가르는 결승골을 보았을 때 느끼게 되는 안도감 같은 것이 바로 좋은 스트레스다. 적절한 운동 뒤에는 휴식을 취해야 근육이 멋지게 자리 잡듯이, 좋은 스트레스를 받아 적절한 긴장을 느끼고 휴식을 취하면 정신건강에 도움이 된다.

이 책에서 자주 등장하는 필자의 아들 쿵이는 기저귀를 갈아주려고 할 때마다 온 집안을 도망다녀 한바탕 술래잡기를 해야 겨우 허용(?)해준다. 뽀송뽀송한 기저귀로 갈고 나면 기분 좋아 하지만, 그 전까지는 변화에 격렬히 저항한다. 이처럼 결과적으로 오줌에 젖은 기저귀를 교체하는 긍정적인 변화도 쿵이에게는 스트레스인가보다.

워싱턴 의과대학의 토머스 홈즈와 리처드 라헤 박사는 '생활 변화 지표척도'를 통해 결혼, 휴가, 승진처럼 긍정적으로 생각되는 사건들도 스트레스 원인이 될 수 있다고 했다. 초등학교 1학년에 갓 입학한 아이들 중 일부는 학교에 가지 않으려 울고, 심지어 학교 가기를 거부하기도 한다. 부모들에게 아이의 입학은 벅찬 감동의 순간이겠지만 아이들에겐 큰 변화의 상황이며, 이 자체가 스트레스로 작용하는 것이다.

그런 의미에서 발표 직전에 느끼는 긴장과 직후에 느끼는 안도감은 자신의 발표 능력을 올리고 성취감을 느낀다는 측면에서 긍정적인 스트레스로 볼 수 있지만, 우리는 늘 불쾌하고 나쁜 스트레스라고 여겨왔다.

그런데 나쁜 스트레스와 좋은 스트레스, 이 둘의 차이는 미묘하다. 상황 자체가 변하는 것이 아니라, 받아들이는 사람의 마음가짐에 따라서 다르게 받아들여질 수도 있기 때문이다. 좋아하는 이성과의 첫 데이트 때 느끼는 가슴 두근거림이 설렘으로 느껴질 수도 있지만, 낯가림이 심하고 자신감이 없는 이들에게는 긴장과 두려움의 순간이라 피하고 싶고, 혼자 있는 게 편하다고 스스로를 위안할 수도 있다.

자, 발표 스트레스의 두 얼굴에 대해 살펴보았다.

그럼 어떻게 대처해야 할까? 스트레스 대처 방법은 크게 네 가지로 나눠 볼 수 있다.

첫째, 수동적 문제 중심 대처법(passive, problem-focused coping):
소망적 사고 대처법

수동적으로 누군가 대신 해결해주거나 상황이 종료되기를 바라는 것이다. 이 스트레스는 발표를 해야 하는 상황에서부터 시작된다. 마음속으로 발표를 해줄 흑기사가 나서주기를 바라고, 그렇지 못하면 사다리를 타거나 가위 바위 보를 해서라도 수동적으로 피하고 싶어 한다. 더 심한 경우는 발표를 해야 할 상황을 아예 회피하는 것이다. 혹시라도 발표가 예상되는 곳은 아예 가지 않는다. 하지만 피한다고 불안의 감정이 사라지는 것은 아니다. 오히려 이런 수동적인 태도는 불안, 긴장 등의 감정을 증폭시키고, 발표에 대한 스트레스만 가중시킬 뿐이다. 계속 피하다보면 발표나 무대와 연관된 것은 무엇이든 생각만 해도 두렵고 불안이 커지게 된다.

둘째, 수동적 정서 중심 대처법(passive, emotion-focused coping):

정서 완화적 대처법

수동적으로 자신의 감정을 조절하는 방법이다. 발표를 앞두고 긴장과 불안한 감정을 빠르고 쉽게 해결하고 싶어 청심환이나 떨리지 않게 해주는 약(인데놀), 심지어 술을 찾기도 한다. 자신만의 어떤 방법이 있을 수도 있는데, 대부분은 빠르고 손쉬운 방법을 선호하기 때문에 임시방편적이고, 의존할 위험이 있을 수 있다.

이번 기회를 빌려 작은 고백을 하나 하겠다. 필자는 20대에 참 미숙하고 위험하게 스트레스에 대처했던 것 같다. 고속도로에서 과속하기도 했고(속도위반 과태료 납부 고지서를 참 많이도 받았던 것 같다), 술을 필름이 끊길 때까지 마셔서 불안, 우울의 감정을 잠시 잊으려 하기도 했다. 물론 두 가지를 동시에 한 것은 아니었다. 스트레스로 힘든 감정을 과속이나 음주로 잠시 잊으려 했던 비겁한 행동은 다음 날 깊은 자책감과 후회를 불러왔다. 이처럼 수동적인 방법은 근본적인 해결책이 될 수 없다.

발표불안을 수동적으로 피하거나 다른 물질의 힘을 빌려 해결하고

자 하는 것은 제대로 불안을 조절하는 것이 아니다. 자신이 직접 불안을 통제하지 못해 더욱 두렵기도 하다. 직접 운전을 해서 빠른 속도를 낼 때는 두렵지 않아도 옆자리에 앉아 있을 때는 더 불안하고 심지어 멀미가 나기도 하듯이, 불안을 통제할 수 없다는 느낌은 불안과 공포를 더 키운다.

직접적으로 통제할 수 있다는 느낌의 중요성은 미국의 심리학자 마틴 셀리그만의 '학습된 무기력(learned helpless)' 모델을 통해 이미 증명되었다. 그는 쥐 두 마리를 각각 두 개의 우리에 넣고 나란히 두었다. 두 우리에 전류를 흐르게 해서 쥐들에게 고통을 주었는데, 오른쪽 우리에 있는 쥐는 손잡이를 잡아당기면 전류를 멈출 수 있게 했고, 왼쪽 우리에 있는 쥐는 손잡이를 잡아당겨도 전기 충격을 멈출 수 없게 했다. 즉, 오른쪽 쥐는 전기 충격을 통제할 수 있었던 반면에 왼쪽 쥐는 속수무책으로 당해야 했다. 그런데 사실 오른쪽 우리에 있는 쥐가 손잡이를 잡아당기면 왼쪽 우리에 흐르는 전류도 멈췄다. 따라서 두 쥐 모두 동시에 똑같은 양의 전기 충격을 받은 셈이지만 결국 자신의 운명을 옆집 쥐에게 맡긴 왼쪽 쥐는 스트레스로 인해 위궤양이 생겼다.

이 실험을 통해 우리는 적극적으로 선택할 수 있고 통제력을 갖는 것만으로도 스트레스는 줄어든다는 사실을 알 수 있다. 발표도 마찬가지다. 억지로, 수동적으로 하는 것이 아니라 자신의 선택에 의해 적극적으로 임하면 신기하게도 그 스트레스는 분명 달라질 수 있다.

셋째, 적극적 문제 중심 대처법(active, problem-focused coping):

문제 중심적 대처법

적극적으로 문제를 해결하는 방법이다. 이 방법은 실제적인 문제를 해결하는 방식이다. 발표 준비, 스킬 등 실제적으로 바꿀 수 있는 것을 파악하고 해결하려는 노력이 필요하다. 발성, 톤, 기교 등을 스피치 학원에서 배우는 것도 문제 중심 대처법에 해당되고, 필요하다면 도움을 받는 것도 좋다. 그러기 위해서 무엇이 문제인지 정확히 파악하고, 장애물은 무엇인지 알아본다. 뱃살이 늘어 스트레스를 받고 있다면 운동과 식이요법을 병행해서 체중을 줄이는 것이 가장 좋은 방법이듯이, 발표의 기술적인 부분들이 미흡하거나 발표 준비와 경험이 부족한 것이 원인이라면 철저한 준비와 지속적인 연습으로 경험을 쌓을 필요가 있다. 발표 내용에 대해 자신이 없다면, 그 분야 전문가의 도움을 받거나 자료 조사를 많이 하는 것도 한 가지 방법이다. 돌발적인 상황에 대처하는 능력이 부족하다고 느낀다면 평소보다 일찍 도착하여 음향이나 조명 등을 체크하거나 과거 자신의 발표를 녹화해 관찰해보는 것도 도움이 될 수 있다. 이처럼 이 방법은 문제 해결을 위한 구체적이고 실천적인 전략이 도움이 된다.

넷째, 적극적 정서 중심 대처법(active, emotion-focused coping):

사회적 지지 추구 대처법

적극적으로 감정을 조절하는 방법이다. 질병으로 인한 스트레스, 피할 수 없는 사고 등 문제 상황 자체를 바꿀 수 없는 부분에 대해서는 이러한 방식의 접근이 필요하다.

발표를 해야 하는 상황을 바꿀 수 없고, 준비를 열심히 했는데도 긴장되고 떨린다면 발표불안을 조절해야 한다. 발표불안의 극복은 스피치 학원에서 이야기하는 기교와 발성을 배우는 것과 다른 이유이기도 하다. 기교와 발성 등의 기술적인 부분들은 세 번째에 소개한 문제 중심 대처법에 속한다.

발표불안의 원인은 여러 가지가 있을 수 있지만, 자신의 독심술로 청중의 생각을 오해하거나, 그들의 작은 반응에 민감하게 반응해 불안을 느낄 수 있다. 이럴 때는 자신의 생각을 합리적으로 바꾸는 방법을 배워 조절하는 것도 도움이 된다. 또한 복식호흡, 근육 이완법을 통해 긴장된 신체를 이완시키는 것도 좋은 방법이다.

우리에게 고통을 주는 것들을 잘 살펴보면 바꿀 수 '없는' 것과 바꿀 수 '있는' 것이 있다. 알고보면 우리를 진짜 고통스럽게 만드는 것은 바꿀 수 있는 것을 바꾸려 노력하지 않거나, 바꿀 수 없는 것을 바꾸려고 하기 때문이다.

여러분은 아직도 등 떠밀려 발표를 하게 되는가? 바꿀 수 없는 것 때문에 고통받고 있는가?

발표를 마주하는 상황은 바꾸고 싶지만, 바꿀 수 없는 것이다. 하지만 불안의 감정은 적극적으로 조절하면 상당부분 바꿀 수 있다.

누군가 이렇게 말했다. "피할 수 없다면 즐겨라!"

발표 스트레스 대처법

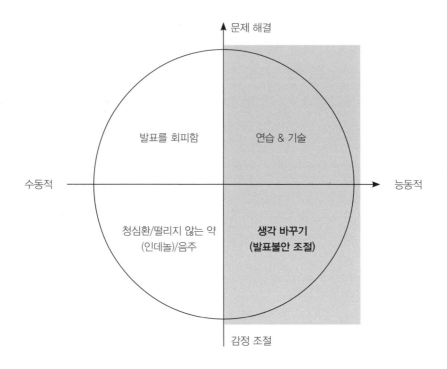

02
생각을 바꾸는 법
_인지행동치료와 수용전념치료

인간의 감정은 참 복잡하고 오묘하다. 무대에서 느끼는 감정 역시 마찬가지다. 사람들 앞에서 발표를 하기 직전에 느끼는 감정은 두려움이나 불안 또는 이들이 혼합되어 복합적인 모습인 것 같다. 게다가 이런 복잡한 감정을 스스로 조절하기는 불가능해 보인다.

무대에서 떨리는 이 감정은 마치 예전에 부모님께 혼날 때의 두려운 감정인 것 같기도 하고, 초등학교 때 뭔가 실수를 해서 친구들에게 놀림을 받았을 때 느꼈던 수치심인 것 같기도 하다. 그 감정이 무엇이든, 우리가 발표 상황에서 느끼는 감정은 불편하고 썩 유쾌한 감정이 아니다.

그렇다면 부정적인 감정이 생기는 원인은 무엇일까? 대부분의 사람들은 부정적인 감정의 원인을 쉽게 남 탓으로 돌려버리거나 상황이 문제라고 여긴다.

중요한 것은 실제로 우리의 감정을 결정하는 것은 상황이나 대상이 아니라 그것에 대해 우리가 생각하는 방식이라는 점이다. 약속 시간에

늦은 남자친구에게 화가 나는 것은 '나를 소중하고 중요하게 대하지 않는다'는 생각 때문이며, 무대에서 수많은 청중 앞에서 떨리는 원인도 '사람들이 나를 좋지 않게 평가하면 어떡하지?'라는 생각 때문이다.

　과연 부정적인 감정은 정말 조절이 가능할까? 앞서 불안의 원인은 자신의 생각이며, 이를 바꿔야 한다고 했다. 그것은 추상적이고 모호하며, 실제로는 가능하지 않은 이야기라고 생각하는 분들도 있을 것이다. 지금 당장 여러분의 불안을 직접적으로 조절한다는 건 거의 불가능에 가까워 보일 수 있다. 하지만 안심하라. 놀랍겠지만, 생각 바꾸기를 통해 여러분은 감정을 조절할 수 있고, 조금만 더 꾸준히 노력하면 세상을 바라보는 관점까지도 바꿀 수 있다. 이 방법은 필자가 만들어낸 것이 아니라, 의학계에서 사용되고 있는 과학적인 '인지행동치료 기법'과 '수용전념치료 기법'을 무대공포증에 적용했을 뿐이다. 인지행동치료의 창시자인 미국의 정신과 의사 아론 벡 박사는 우울증 환자들의 생각의 오류를 찾아내고, 인지행동치료(생각 바꾸기 과정)를 통해 우울증을 치료했다. 또한 공황장애·사회불안장애·강박장애 등에도 이미 상당한 효과가 입증되어 활발히 사용되고 있다.

　어릴 적부터 죽마고우인 동근과 상훈은 같은 대학, 같은 과에 진학했다. 취직 준비도 같이 하며 굴지의 oo기업에 지원했고, 함께 1차 서류전형에 합격했다. 모의 면접 준비를 함께하며 장밋빛 미래를 꿈꿨다. 둘은 오랜 시간 함께 지내며 우정이 깊었고, 모두 착실한 사람이었지만, 삶에 대한 대처 방식은 조금 달랐다. 동근은 매사에 자신의 장점을 어필하기 위해 노력했고, 자신감이 충만했다. 그에 반해 상훈은 불안이 높은 편이고, 항상 실수에 대한 걱정이 앞섰다.

드디어 면접 날이 되었다. 상훈의 차례가 먼저였다. 3명의 면접관이 앉아 있는 책상은 시베리아에서 넘어온 차가운 바람이 부는 듯했고, 면접관들의 굳은 표정은 보기만 해도 사람을 떨리게 했다. 떨리는 가슴을 부여잡고 간신히 입을 열어 자기소개를 마쳤다. 상훈은 예상 밖의 질문에 당황했고 충분히 대답하지 못했다. 그의 머릿속에는 '난 이제 떨어지겠구나'라는 생각이 스쳐 지나갔다. 불안과 긴장이 최고조로 올랐다. 이후로 머릿속은 하얘지고 정작 열심히 준비한 3분 스피치마저도 제대로 발휘하지 못한 채 어영부영 시간을 보내다 면접장을 나왔다.

다음 차례는 동근이었다. 역시나 면접관들은 굳은 표정으로 그를 압도했고, 첫 질문은 역시 쉽지 않았다. 최선을 다해 대답했으나, 되돌아오는 건 냉소적인 표정이었다.

하지만 상훈과 다르게 동근은 면접관의 반응을 자신의 대답이 그들이 원하는 방식이 아니었기 때문이라고 해석했다. 그리고 다른 방식으로 접근하기 위해 노력했다. 점차 마음이 안정되며 다음 질문에 잘 대답할 수 있었다. 동근도 긴장과 불안이 있었지만, 그의 '생각' 덕분에 감정을 잘 조절할 수 있었고 준비했던 3분 스피치를 무사히 마칠 수 있었다.

두 친구의 결과는 어떻게 되었을까? 큰 이변이 없었다면, 동근은 합격하고 상훈은 아쉬운 결과를 맞이했을 것이다. 두 사람의 예에서 어떤 차이를 발견할 수 있을까? 상황도 거의 비슷하고, 준비 과정도 크게 다를 바 없었지만 생각의 차이 때문에 그들이 느낀 긴장, 불안도 달라졌고, 결과도 달라졌다.

무대에서 느끼는 불안을 조절하고 싶다면, 자신의 자동적인 생각을 찾고 바꾸는 사고 훈련이 필요하다. 우리에게는 인지행동치료 기법이라는 정신의학에서 검증된 방법이 있고, 덕분에 실제로 수많은 사람들이 변했다.

더 나아가 이 방법은 발표뿐 아니라 다른 여러 가지 상황에서 떠오르는 부정적 감정을 조절하는 데도 사용할 수 있다. 인지행동치료 기법은 우리의 일상생활에 유용한 도구가 될 수 있으며, 자신의 감정을 조절하는 아주 훌륭한 방법이다.

최근에는 수용전념치료(Acceptance & Commitment Therapy, ACT)가 인지행동치료의 '제3의 동향'에 속하는 새로운 치료 모델로 주목받고 있다. 수용전념치료는 인간의 마음이 어떻게 작용하는가에 대한 기초 연구 프로그램인 '관계 구성틀 이론(Rational Frame Theory)'에 기반을 두고 있고, 기본적으로 관점의 근본적인 변화를 목표로 한다. 네바다 대학교 심리학과 교수인 헤이즈에 따르면 수용전념치료는 심리적 유연성(psychological flexibility)을 획득하여 정서적 불편감을 견디고 그 순간에 머무르는 능력을 기르는 것이라고 한다.

이런 방식의 치료를 통해 불안 등의 감정을 회피하지 않고 음악인들의 무대공포증이 호전되고 있다는 연구 결과들이 밝혀지고 있다. 필자도 생각을 바꾸어 불안감을 줄여주는 인지행동치료와 잔여 불안감을 수용하는 마음가짐을 배우는 수용전념치료를 적절히 병합한 무대공포증 극복 프로그램을 개발해 이 기법들의 효과를 직접 확인하였다.

여러분은 이 책을 읽으면서 무대에서 떨리는 근본 원인은 자신의 생각임을 알게 되었다. 또한 생각을 바꾸면 불안과 긴장이 줄어든다는 것도 알게 되었다. 더구나 여러분이 원하면 인지행동치료나 수용전념치료를 모두 배울 수 있는 좋은 시대에 살고 있다.

자, 무엇을 망설이는가? 생각을 바꾸면 불안을 조절할 수 있는데 말이다.

[자동사고 기록지]를 이용해 감정을 발생시키는 '생각'을 찾아보자.

자동사고 기록지

1. 상황: 누가? 언제? 어디서? 무엇을?	
2. 기분: 그 당시 기분 (점수 : 0–10점)	
3. 자동사고(심상)	
–어떤 생각이 떠올랐나? (떠오르는 생각을 그대로 기록)	가능하면 5가지 이상의 생각들을 적어보도록 하자! (가장 강렬한 생각에 밑줄, 믿는 정도를 점수로 평가)
–최악의 경우 무슨 일이 일어날 것이라고 생각했나?	
–내가 어떤 사람이라는 거지?	
–그때 떠오른 이미지는?	

03
소크라테스 문답법
_생각 바꾸기 I

회의에 참석해서 부서 대표로 안건을 발의해야 하는 기철 씨. 긴장되고 불안한 상황이다. 머릿속에는 '나의 어눌한 발표 때문에 부정적인 평가를 받을 것이다.'라는 생각이 스쳐 지나갔고 발표불안은 심화되었다.

불안의 원인인 '생각'을 찾았다면 그 생각이 타당한지 따져 합리적인 생각으로 바꿔야 부정적인 감정을 바꿀 수 있다. 부정적인 감정을 만든 자동적인 생각을 바꾸기 위해 소크라테스 문답법을 사용할 수 있다.

소크라테스는 지식을 직접 가르치기보다는 대화와 문답을 통해 상대가 스스로 자신의 무지와 편견을 자각함으로써 진리를 발견하도록 하였다. 이러한 귀납적 진리 탐구 방법을 대화법 또는 문답법이라고 한다. 소크라테스는 제자들을 가르칠 때에 이 방법을 사용했다고 한다. 이러한 방식을 바탕으로 생각의 오류를 깨닫고 바꿀 수 있다.

소크라테스식 문답법의 첫 번째는 자신의 생각을 뒷받침하는 증거는 무엇인지, 또는 반대되는 증거는 무엇인지를 찾아보도록 한다. 그 증거들을 직접 비교해서 자신의 생각이 합리적인지 따져보는 것이다. 이는 마치 자신의 생각을 옹호하는 변호사와 반대하는 검사가 증거를 찾아 적어보고, 자신이 판사가 되어 판단을 내리는 것과 유사하다.

기철 씨의 생각이 맞다는 증거를 찾아보자.

1. 전에 상사로부터 목소리가 떨리고 발표가 어눌하다는 피드백을 받은 적이 있다.
2. 실제로 발표 점수가 좋지 않은 적이 있었다.

반대되는 증거를 찾아보자.

1. 발표 내용이 좋았다는 피드백이 더 많았다.
2. 부서를 대표해서 정보를 전달하는 자리이기 때문에 떨지 않는 것보다 논리적으로 의견을 전달하는 것이 중요하다.
3. 나의 이야기에 관심을 보이는 사람들이 더 많다.
4. 발표 점수가 좋았던 적도 많다.
5. 이번에는 준비를 많이 했고 내용이 좋기 때문에 이전에 점수가 좋지 않았던 상황과는 다르다.

기철 씨의 생각에 반대되는 증거가 더 많고, 찾기 쉬움을 알 수 있다. 소크라테스 문답법의 두 번째는 자동사고에 대해 다른 이유나 설명이 존재하는지의 여부다.

혹시 나의 발표에 평가가 좋지 않았던 것은 말이 유창하지 못하고 어눌했기 때문이라고 생각했지만, 또 다른 가능성은 없을까?

-발표 내용에 대한 준비가 부족하거나 논리성이 부족해서 청중이 부정적으로 평가했던 것이 아닐까?
-여러 가지 사정으로 다른 부서에서 나의 제안을 받아들이기 어려울 수도 있지 않을까?
-그냥 사람들이 회의에 관심이 없을 수도 있다.
-그날따라 기분이 안 좋아서 회의의 모든 내용이 짜증나게 들리는 사람도 있을 수 있다.

어눌한 발표 때문에 부정적인 평가를 받을 것이라 생각하니 더욱 떨리고 발음 하나하나가 신경 쓰인다. 생각대로 피드백이 좋지 않을 수 있다 하더라도 그 이유는 무수히 많을 수 있다. 게다가 우리는 듣는 사람의 마음을 모두 정확히 확인할 수도 없다. 수많은 가능성 중 기철 씨의 발표가 어눌하고 목소리가 떨려서 평가가 좋지 않았을 확률은 높지 않다. 단지 추측 때문에 불안해할 필요가 있을까.

소크라테스 문답법의 세 번째는 자신의 생각을 믿는 것이 어떤 장점이 있는지 살펴보는 것이다. 기철 씨의 경우 확인할 수 없는 생각으로 불안해하고 긴장하고 있다. 하지만 이것은 수행(performance) 능력에 전혀 도움이 되지 않는다. 오히려 그 에너지를 발표 준비나, 다른 부분에 집중하면 발표 능력을 향상시킬 수 있다.

네 번째는, 만약 소중한 친구가 유사한 상황에서 자신과 똑같은 생각을 하고 발표에 대해 불안해하고 있다면 내가 어떤 충고나 도움을 줄 수 있을지에 대해 생각해 보는 것이다. 제3자의 입장에서는 좀 더 객관적으로 바라볼 수 있다. 자신의 생각을 제3자의 고민으로 여겨보면 자신의 생각을 좀 더 객관적으로 판단할 수 있다. 실제로 친구에게 이렇게 말해줄 수 있을 것이다.

"발표가 어눌하거나 목소리가 떨린다고 해서 사람들이 부정적인 평가를 할 것이라는 생각은 합리적이지 않아. 그리고 실제로 너의 발표 목소리가 심하게 어눌하지도 않아." 친구에게 해주고 싶은 충고를 글로 남긴 뒤 자신에게도 적용해볼 것을 권한다.

마지막으로 자신의 자동사고(최악의 상황)에서 현실적으로 발생할 수 있는 최악의 결과와 최상의 결과를 생각해보는 것이다. 이 방법은 개인적으로 아주 강력한 효과를 가진다고 생각될 뿐 아니라 피드백도 매우 좋았다. (이에 대해서는 다음 장에서 자세히 다루도록 하겠다.)

여러분이 생각하듯이 생각을 바꾸는 것은 매우 어려운 일이다. 생각이 왜곡되어 있다는 것을 받아들이기도 어려울뿐더러 반복되는 그 패턴을 바꾸는 일은 더더욱 힘들다. 하지만 알아차리는 것, 즉 인식(awareness) 자체가 매우 중요하다. 인식을 해야 생각을 바꿀 동기가 생길 수도 있고, 그 악순환에서 벗어나기가 더 수월해진다. 이 책을 읽은 여러분은 일단 발표불안을 인식했으니 변화할 준비는 완료되었다고 볼 수 있다. 이제는 생각을 바꾸고 행동으로 옮기면 된다.

04
최악의 순간에서 최상의 결과를 생각해보기
_생각 바꾸기 II

'최악의 상황에서 최상의 결과를 생각해보기'는 생각 바꾸기 중 한 가지 방법인데, 이를 통해 발상을 전환하고 균형적인 사고를 할 수 있어 무대 위의 불안을 줄이는 데 매우 효과적이다.

무대공포증은 부정적인 생각이 꼬리에 꼬리를 물고 최악의 상황을 상상해서 두려움과 불안을 키운다. '실수를 하면 발표를 망칠 거야. 사람들이 나를 무능력하다고 생각할 것이고, 인정받지 못해 승진도 못하고 곧 회사에서도 쫓겨나겠지…' 항상 최악의 결과만이 존재하는 것이 아닌데도, 여기서 벗어나지 못하고 상상 속의 불안을 키운다.

그런데 혹시 두려워하는 최악의 순간이 닥칠 때의 최상의 결과에 대해서 생각해본 적이 있는가?

무대에서 여러분의 걱정이 실제로 일어날 수 있는 최악의 시나리오에 대해서는 아주 쉽게 생각할 수 있다. 하지만 반대로 최악의 상황에서 일어날 수 있는 최상의 결과에 대해서 물어보면 쉽게 대답하지 못할 것이다. 그것에 대해서 생각해본 적이 거의 없기 때문이다. 이처럼 우리는 의식의 흐름에 따라 좋은 쪽이나 나쁜 쪽, 한 방향으로 끝없이 생각을 퍼뜨리는 습성이 있다.

최악의 상황을 상상하면 언제나 좋지 않은 결과, 걷잡을 수 없는 파국적인 생각으로 흘러가고, 불안과 두려움의 부정적인 감정은 필연적으로 커지게 된다. 하지만 최악의 상황에서 일어날 수 있는 최상의 결과를 생각해 봄으로써 더 이상 비합리적인 생각이 파국적으로 치닫는 것을 방지하고 균형 잡힌 사고를 할 수 있다.

최악의 순간에서 일어날 수 있는 최상의 결과란 무엇을 말하는 걸까? '여행하는 동안 집에 도둑이 들면 어떻게 하지?'라는 생각을 하면 여행 가서도 즐거운 시간을 보낼 수 없고, 불안감에 시달리는 사람이 있다. 도둑이 들어서 전 재산을 다 들고 가서 한 푼도 안 남기고 거지가 될 것이라는 최악의 결과에 가까운 생각들은 불안을 불러일으킨다. 하지만 실제로 발생할 수 있는 사건들은 이 외에도 많은 경우가 있다. 집에 가져갈 물건이 없거나 귀중품을 따로 잘 보관해두어 도둑이 귀중품을 찾지 못하고 그냥 돌아갈 수도 있다.

이 두 가지의 상황은 최악과 최상, 극단적인 결과들로 확률상 일어나기 어렵다는 면에서 비슷하다. 이렇게 생각의 폭을 넓혀서, 최악의 결과를 상상하던 걱정이 비합리적이었음을 깨닫게 할 수 있다.

몸이 아파 일도 하지 못하고 입원하는 최악의 상황에서 최상의 결과는 나를 걱정해주고 간호해주는 가족의 소중함을 깨닫고, 이번 기회에 건강 관리도 신경 쓰고 생활 습관을 바꾸는 것이다.

이처럼 우리가 걱정하는 최악의 순간은 항상 파국적인 최악의 결과만 일어나는 것은 아니다. 핵심적인 포인트는, 최악의 상황이 발생하지 않을 것이라고 무조건 낙관하라는 것이 아니라 염려하던 사태가 발생하더라도 무조건 나쁜 결과만 발생하는 것이 아니라는 합리적이고 균형적인 사고를 가지는 것이 중요하다는 점이다.

그렇다면 발표나 무대에서 실수를 했을 때 최상의 결과는 무엇일까? 어쩌면 실수가 너무 사소한 것이라 자신을 제외하고 아무도 눈치채지 못할 수도 있고, 실제로 몇몇 사람이 알아채더라도 발표 전체의 평가에 크게 영향을 미치지 않을 수도 있다.

다시 말해, 실수를 하지 않을 것이라고 애써 위로하고 긍정적으로 생각하려고 노력해도 불안은 줄어들지 않는다. 우리의 뇌는 매우 똑똑해서 그런 위로를 애초에 믿지 않기 때문이다. 대신 실수를 하더라도 일어날 수 있는 결과의 범위를 예측해보면 불확실한 상황에서의 불안감을 줄일 수 있다.

(최상의 결과)   (최악의 결과)

이렇게 양 끝에 최상의 결과와 최악의 결과를 두고, 그 사이에 일어날 수 있는 현실적인 결과에 대해 생각해보자. 양 끝을 벗어나는 일은 일어날 수 없음을 경계짓는 것만으로도 생각의 안전성이 보장되어 불안감은 줄어든다.

05
경직된 자세를 푸는 법
_호흡과 이완

사람들 앞에서 프레젠테이션을 할 때 손은 어떻게 해야 하나요?
앞으로 해야 하나요, 뒤로 해야 하나요? 아예 잘라버릴까요?(웃음)

소통 전문가 김창옥 교수가 '세상을 바꾸는 시간 15분(일명 세바시)'
강연에서 한 말이다. 김 교수의 유머로 강연장 분위기는 부드러워졌지
만, 이 상황을 실제로 경험한 우리는 마냥 웃을 수만은 없다. 많은 사람
이 발표 시의 자세에 대해 고민한다. 자세는 발표의 중요한 요소임에
분명하다. 캘리포니아대학 심리학과 메라비언 교수는 이미지를 결정
하는 요소로 시각 55%, 청각 38%, 언어 7%라는 이른바 '메라비언의 법
칙(the law of Mehrabian)'을 발표했다. 우리가 발표를 위해 주로 신경
쓰는 대본·발음·톤 등 언어적 내용은 전체 이미지의 7%에 불과하고,
비언어적 요소가 93%를 차지할 정도로 시각과 청각의 이미지가 중요
하다니 놀라울 따름이다.

이런 중요성 때문일까. 우리는 긴장되어 경직된 자세로 인해 사람들에게 자신의 불안을 들킬까봐 가슴을 졸인다.

이는 근거 없는 걱정은 아니다. 여러분의 불안은 어떤 근육을 활성화시켜서 특정한 자세를 유발하고 결과적으로 더 불안감을 느끼게 된다. 비슷한 예로 사람들에게 실에 매달린 추를 하나씩 들려주고 앞뒤로 움직이지 않도록 하라고 지시한 다음 관찰하는 실험이 있다. 결과는 어땠을까? 대부분의 사람이 들었던 추는 앞뒤로 움직였다. 앞뒤로 움직이면 안 된다는 생각이 오히려 그 방향으로 움직이는 근육을 활성화시켰기 때문이다. 이런 상황은 긴장하거나 압박감을 느끼는 상황에서 더욱 심해진다.

사실 표정과 자세에는 우리의 마음이 어느 정도 투영되어 있다. 정신과 의사들은 진료실에서 환자분들이 이전에 비해 호전되었는지 직접 말해주지 않아도 표정, 자세, 걸음걸이 등으로 어느 정도 추측할 수도 있다. 이는 정신과 의사들이 특별한 능력이 있어서가 아니라 감정이나 마음의 상태가 비언어적 요소에 어느 정도 반영되어 있기 때문이다.

필자도 긴장과 불안이 신체에 그대로 드러났던 적이 있다. 의대생 시절의 일이다. 본과 3학년이 되어 병원 실습을 하며 레지던트 선생님들과 교수님들에게 배우고 있었다. 그날은 입원한 환자들에 대해 교수님들 앞에서 발표를 맡았다. 지금 돌이켜보면 그 발표는 교육의 일환으로 진행되는 것일 뿐이었고, 필자의 발표에 따라 환자의 진단이나 치료가 바뀔 리도 없는, 누구도 크게 기대하지 않는 발표였음에도 교수님들 앞에서 평가를 받는다는 생각에 극도로 긴장한 나머지 머릿속이 하얘지고 온몸은 춤을 추듯이 요동쳤다.

불안한 자세와 표정은 보는 이로 하여금 조마조마하게 만든다. 여러분이 아는 것처럼 뇌와 신체는 연결되어 있다. 그러므로 불안이 해소되면 자세가 안정적이 된다. 반대로 의도적으로 자세를 안정적으로 유지하면 불안과 긴장도 어느 정도 줄일 수 있다.

신체는 마음의 거울이다. 신체 반응을 정확히 인식하고 의도적으로 자세나 표정을 바꾸면 마음의 상태도 변화시킬 수 있다. 결혼식이나 장례식장에 옷을 갖춰 입고 가는 것은 경건한 마음가짐을 유지하기 위한 사회적 약속이기도 하다. 옷차림에 따라 우리의 마음가짐도 달라진다. 하물며 자세나 표정이 바뀌면 어떻겠는가. 군대에서 제식훈련을 하는 이유는 멋진 퍼포먼스를 보여주기 위해서가 아니라 군인정신을 함양하기 위함이다. 쉬는 시간에 친구들과 떠들고 놀다가 종이 울리고 선생님께 인사를 하고 수업을 시작하는 이유도 공부를 하기 위한 마음을 다잡기 위함이다. 이처럼 자세와 감정은 서로 영향을 주고 받는다. 그러므로 경직된 자세를 조금만 이완해도 불안이 줄어들 수 있다.

경직된 자세를 바꿔 불안을 감소시키려면 어떻게 해야 할까? 먼저 자신의 긴장과 경직된 자세, 과장된 움직임 등을 정확히 파악하는 것이 중요하다. 가장 좋은 방법은 동영상을 촬영해서 발표 시 자신의 모습을 보는 것이다. 요즘 누구나 핸드폰에 내장된 성능 좋은 동영상 카메라를 한 대씩 들고 있다. 친구에게 부탁해도 좋고, 삼각대를 놓고 촬영해도 좋다.

많은 전문가들이 어떤 자세들이 불안 감소에 좋은지 의견을 내놓았지만, 사실 아직까지 특별한 자세가 효과적이라는 의학적인 정답은 없다. 다만 자신의 모습을 보고 불안과 긴장된 자세들을 '이완'된 움직임으로 바꾸려는 시도가 중요할 것이다.

자세나 표정이 당당해지면 그 자체만으로 불안이 줄어드는지, 상대의 좋은 피드백을 받아 자신감이 생겨 불안이 감소하는지 선후 관계는 명확하지 않지만 분명한 건 의도적인 자세나 표정의 변화는 불안을 줄이는 데 도움이 된다는 것이다. 대체의학의 한 분야인 펠덴크라이스도 의도적으로 몸의 자세를 바꾸면 마음을 변화시킬 수 있다는 이론에 바탕을 두고 있다.

몸이 이완되면 불안은 자연히 감소된다. 무대에서 추구해야 할 이완 상태란 사우나를 다녀와서 푹 퍼지듯이 늘어진 상태가 아니라 적절한 긴장을 유지할 수 있을 정도의 긴장상태를 의미한다.

이완된 상태에 도달하려면 어떻게 해야 할까? 크게 호흡과 근육을 이완시키는 두 가지 방법으로 나눌 수 있다.

호흡은 심장 박동수, 스트레스 반응 등 많은 생리적인 리듬과 연결되어 있다. 사실 호흡은 감정, 특히 불안과도 밀접한 관계를 가지고 있다. 평상시 긴장하거나 불안한 상태라면 호흡 횟수가 늘어나기도 하고, 반대로 빠른 호흡은 불쾌감을 유발하고 심하면 구토, 어지러움, 두근거림, 손발의 저림 등 신체적 불안 증상을 유발할 수 있다. 불안장애 중 최근 연예인 병으로 유명해진 공황장애 역시 과호흡이 증상이자 동시에 유발 원인이기도 하다. 과호흡이란 일정 기간에 신체가 필요로 하는 수준보다 비정상적으로 빠르게 호흡하는 것을 말한다. 그러므로 호흡을 조절하면 불안의 신체 증상을 어느 정도 조절할 수도 있다. 하버드 의과대학교 심장 전문의 허버트 벤슨은 깊은 호흡을 통해 심박수를 낮추고 심리생리학적 각성이 감소된 상태, 즉 이완 상태에 도달할 수 있다고 했다.

다양하고 유명한 호흡법들도 원리는 크게 다르지 않다. 호흡을 천천히 길게 할수록 부교감신경이 자극되어 안정화되는 원리다. 들숨보다 날숨이 중요하다. 날숨은 숨을 내쉰 후 들숨 직전까지의 호흡을 의미하고, 숨을 길게 내뿜을수록 날숨은 길어진다.

아랫배를 이용한 복식호흡은 날숨을 좀 더 길게 유지할 수 있도록 도와준다. 복식호흡을 하면 들숨 시에 폐가 아래방향으로 늘어나 아랫배가 앞으로 나오게 되고, 날숨 시에는 반대로 작용해서 배가 들어간다.

두 번째로, 무대에 오르기 직전 근육을 이완해보는 것도 도움이 된다. 미국의 정신과 의사 에드먼드 제이콥슨은 긴장을 조절하기 위해 주

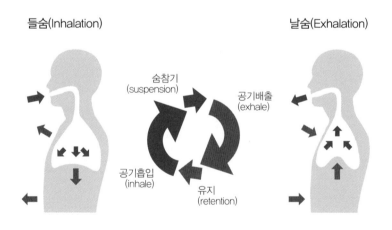

요 신체 부위의 근육을 의도적으로 수축시켰다가 풀어주는 점진적 이완법(progressive muscle relaxation)을 고안했다. 기본 원리는 근육을 조이고 수축시키는 만큼 반동효과로 이완에 도달할 수 있다는 것이다. 실제로 이러한 이완 훈련은 근육의 긴장과 불안을 감소시켜 평상시 불안, 긴장, 스트레스 관리에도 도움이 된다. 어디서든 할 수 있으므로 발표불안·무대공포증 이외에도 다양하게 이용할 수 있다. 낮에 마신 커피 때문에 잠이 오지 않을 때 근육을 이완하다보면 어느새 꿈나라로 직행해 개운한 아침을 맞이할 수도 있다. 가장 좋은 점은 이완 요법이 감정이나 신체 증상을 조절하는 데 도움을 준다는 것이다.

물론 불안의 근원은 근육이나 호흡에 있는 것이 아니라 우리의 뇌에 있다. 신체의 이완과 호흡법이 불안의 해소를 위한 근본적인 해결책은 되지 못하지만, 어느 정도는 도움이 될 수 있으므로 병행해볼 수 있겠다.

호흡과 근육이완을 매일 연습하고 습득하면 능숙해질 수 있고, 일단 불안이라는 공격에 선제적으로 대처할 수 있는 무기가 될 것이다.

가장 중요한 것은 이 책을 덮기 전에 당장 연습을 시작하는 것이다.

[호흡법]

1. 조용하고 편안한 장소에서 연습해보자.

2. 한 손은 가슴 위에, 다른 한 손은 배꼽 위에 놓고 편안하게 숨을 쉰 다. 호흡을 할 때 가슴 위의 손은 움직이지 않고 배 위의 손만 오르 내리도록 집중해보자.

3. 숫자를 세면서 들이쉬고, 편안하다고 생각하며 길게 내쉬도록 하 자.(길게 내쉴수록 이완감이 훨씬 증대될 수 있다)

4. 호흡에 집중하며 천천히 평소 호흡 횟수와 깊이를 유지한다.

5. 매일 3번씩, 가능하다면 규칙적으로 10분 이상 연습하는 것을 권 한다.

[프라나야마]

요가 전통에는 호흡에 중점을 둔 고대의 기술도 있다.

프라나야마는 호흡을 개선하고 긴장완화와 진정효과를 가져다준다.

허리를 곧게 펴고 앉아서 천천히 왼쪽 코와 오른쪽 코로 교대로 호흡한다.

오른쪽 코를 엄지로 막고 검지와 중지를 펴서 왼쪽 코로 숨을 내쉰다. 이제 왼쪽 코를 엄지로 막고 오른쪽 코로 숨을 쉰다.

익숙해지면 양쪽 코를 균등하게 열어주고 호흡을 개선한다.

처음에는 다소 이상하고 어색하게 느껴져서 숨이 차거나 숨을 제대로 못 쉴 수도 있다. 그럴 때는 잠시 멈추어 평온을 찾은 뒤 다시 시도하자.

일부러 규칙적인 리듬을 만들어내거나 호흡을 더 깊게, 혹은 더 얕게 만들지 않는다. (디팩 초프라《슈퍼 유전자》에서)

06
발표 날은 뭘 먹어야 할까?
_음식과 불안의 관계

의식주 중에서 중요하지 않은 게 없지만, 특히 요즘 현대인들에게 음식은 단순히 배를 채우는 것 이상의 의미를 지닌다. 맛집으로 소문난 음식점들은 예약을 하거나 오래 줄을 서야 맛볼 수 있고, 유기농 식재료는 비싼 값이라도 없어서 못 팔 지경이다. 맛있고 영양이 풍부한 음식을 먹으면 건강해지고 기분도 좋아지니 스트레스를 풀기 위해서 맛집을 찾아다니는 사람들도 많다. 하지만 음식은 맛과 영양적인 면도 중요하지만, 감정에 미치는 영향도 무시할 수 없다.

늦은 오후 커피를 마셔 두근거리는 가슴을 부여잡으며 뜬눈으로 밤을 지새우기도 한다. 점심 식사가 주는 나른함과 포만감에 눈꺼풀이 무거워져 꿈나라로 가기도 하고, 발표 직전의 갈증을 해소하기 위해 마신 얼음물 때문에 몸이 떨리고 더 긴장되는 일이 생기기도 한다.

이처럼 음식(food)은 우리의 뇌와 신체의 불안을 자극하기도 하고, 불안을 감소시켜 나른하게 만들기도 한다. 잘 먹어야 힘을 낼 수 있다는 걸 알고 있지만 발표 당일, 무대를 앞둔 식사는 항상 부담스럽다.

'발표' 당일 식사는 어떻게 해야 조금이라도 덜 떨릴까? 음식과 불안은 어떤 관계가 있을까?

불안은 심리적 요인이 매우 크게 작용하지만 생리적 불균형에서 오기도 한다. 식사를 제대로 하지 못하거나 수면이 충분하지 못하면 모든 것에 예민해진다. 그러므로 발표라는 결전을 앞두고 있다면 영양을 충분히 섭취하고 적절한 운동과 휴식을 취해 컨디션을 좋게 만드는 것이 필수적이다.

정신의학에서는 과도한 불안과 두려움의 원인을 신경전달물질인 세로토닌의 부족에서 찾고, 부족 시에 약물치료로 이를 교정한다. 불안증·우울증에 '선택적 세로토닌 재흡수 억제제(일명 항우울제)'가 쓰이는데, 세로토닌의 농도를 증가시켜 증상을 호전시키는 역할을 한다. 마찬가지로 부족한 세로토닌을 회복하기 위해서도 음식을 통해 새로 잘 합성되도록 도와줄 수 있다. 치료를 요할 정도로 심하게 고갈된 것이 아니라면 균형 잡힌 식단을 공급해 신체 내에서 잘 합성되도록 도와주는 것도 좋은 방법이다. 더구나 요즘에는 의료계에서도 뇌에 좋은 음식에 대한 관심이 높아지고, 기능의학(functional medicine)에 대한 연구도 점차 이루어지고 있다.

먼저 불안을 증가시킬 수 있으므로 주의해야 할 식품을 살펴보자.

1. 카페인: 소량의 카페인은 때로는 각성 효과를 주어 수행능력을 향상시키기도 한다. 20-50mg 정도의 카페인은 집중력을 향상시

킨다는 연구도 있다(스타벅스 아메리카노 톨(tall) 사이즈 한 잔
의 카페인은 150mg). 물론 사람에 따라 카페인에 대한 민감성
이 모두 다르기 때문에 각자 불안을 조절하기 위해 필요한 카페
인의 양을 기억해두는 것도 방법이다. 하지만 불안이나 스트레
스로 충분히 각성되어 있을 때는 카페인이 불안을 더욱 증가시
켜 결과적으로 수행능력을 떨어뜨릴 수 있는 양날의 검이 분명
하니 주의해야 한다.

2. 담배: 흡연자들은 니코틴이 긴장을 풀어주는 효과가 있다고 주장
   하지만, 일시적인 효과일 뿐이다. 오히려 시간이 지날수록 니코
   틴 농도가 떨어지면 불안감이 더 커질 수 있다. 이미 많은 논문
   에서 뇌의 변화, 염증, 미토콘드리아 기능 저하 등의 원인으로
   니코틴과 불안 증상이 관련 있음을 밝힌 바 있다.

3. 술: 떨리는 마음에 술을 한잔 마시고 무대에 올라가는 사람도 있
   다고 한다. 하지만 잠시 떨리는 마음을 가라앉히기 위해 마신
   술은 전두엽의 기능을 저하시켜 오히려 해야 할 말이 떠오르지
   않거나, 하지 않아야 할 말을 횡설수설하게 될 수도 있다. 더구
   나 전날 마신 술이 젖산으로 분해돼 교감신경을 항진시키고 신
   체적 불안 증상을 야기할 수 있다(이는 실제 공황 발작의 원인
   이기도 하다). 다음 날 중요한 발표가 있다면 전날 음주는 피하
   라.

불안에 도움이 되는 식품을 알아보자. 이들 식품을 섭취한다고 불안이 즉시 줄어든다고는 말할 수 없으나 장기적으로 도움이 될 수 있다.

1. 물: 우리 뇌는 80%가 수분으로 구성되어 있다. 탈수되거나 부족하게 되면 사고력·판단력이 저하될 수 있다. 또한 스트레스 상황에서 쉽게 짜증이 나고 기억이 잘 나지 않을 수도 있다. 충분한 수분을 섭취하는 것이 좋다. 덧붙이자면 차가운 물은 성대의 온도를 낮추어 목소리를 경직시킬 수 있으므로 상온이나 따뜻한 물을 충분히 섭취하는 것이 좋다.

2. 바나나: 바나나는 '천연 인데놀'이라고 불릴 정도로 무대 위의 불안 감소에 도움이 된다고 한다. 트립토판(tryptophan)을 함유하여 세로토닌을 증가시키고, 비타민 B도 함유하고 있어 신경계를 안정시킨다. 스트레스로 인해 칼륨이 떨어지고 전해질의 불균형으로 불안이 야기될 수 있는데, 바나나는 칼륨(potassium)을 많이 함유하고 있어 이를 방지할 수 있고, 혈압을 낮추기도 한다.

3. 아마씨: 아마씨에 풍부한 오메가 3는 정서적 안정뿐 아니라 인지 능력(기억, 문제 해결 능력)에도 도움이 된다. 우리 체내에서 직접 합성이 되지 않기 때문에 연어·고등어 같은 생선을 통해서도 섭취할 수 있다.

전날 저녁은 단순 탄수화물 위주로 먹자. 탄수화물 위주의 식사는 혈액 내의 L-트립토판을 증가시켜 뇌에서 세로토닌으로 전환된다. 다들 알다시피 세로토닌은 유명한 행복의 신경전달물질이다. 불안과 걱정을 낮춰 숙면에 도움을 주어 당일 컨디션 관리에 도움이 될 것이다.

결전의 날에는 잘 먹어야 한다. 단 가볍게 먹는 것이 좋다.(200-300 칼로리) 당일 아침은 단백질을 포함한 식단이 좋다. 단백질이 많은 음식을 섭취하면 도파민(dopamine)과 노르에피네프린(norepinephrine) 증가에 유리하다. 이 두 가지 신경전달물질은 뇌를 각성시키고 집중력을 향상시켜주기 때문에 발표(performance)에 도움이 될 것이다.

자, 이제 식사를 마쳤다면 물과 바나나를 챙겨 결전의 장소로 향하자.

07
발표공동체를 꿈꿔라

우리나라 사람들은 모임을 좋아한다. 동문모임, 계모임, 동호회, 군대 동기모임 등 참 다양하다. 살던 지역이나 취미의 공통점을 가진 사람들이 모여 형성된 공동체는 개개인에게 안정감을 준다. 요즘엔 인터넷 공간에서도 단톡·카페·밴드 등을 통해 비슷한 공통점을 가진 사람들이 모인다. 일면식도 없는 사람들과 이웃·친구로 관계를 맺어 그들이 매일 어떻게 지내는지를 수시로 확인한다.

인본주의 심리학자 에이브러햄 매슬로도 '욕구계층이론'을 통해 인간은 기본적 욕구가 충족되면 집단에 소속되어 안정과 소속감을 느끼고자 하는 욕구를 갖는다고 하였다.

이 책을 읽고 있는 여러분도 자신과 비슷하게 발표불안에 떨고 있는 사람들의 이야기를 읽으며 위안을 받았을 수도 있고, 또는 같은 고민을 하는 집단에 소속되어 이야기를 나누고 싶은 욕구를 느낄지도 모른다.

돌이켜보면 학창 시절에도 그랬다. 요즘은 집에서 혼자 인강을 듣고 공부를 하는 친구들이 많지만, 예전에는 대부분 학교나 학원에 모여 수업을 듣고 함께 공부했다. 인강을 듣고도 스터디를 하기 위해 모이거나, 카페나 스터디룸에서 공부를 하는 이유는 집중이 잘 되는 분위기인 탓도 있지만, 정서적 안정감을 얻기 위함도 있다. 이처럼 뭉치면 서로에게 힘이 되는 심리적 요인이 분명히 있다. 필자도 마찬가지였다. 중학교 때부터 스터디 그룹을 만들어 친구들과 함께 같은 목표를 향해 공부했고, 대학교 때는 꼭 공부를 열심히 하지 않더라도 도서관이라는 장소에 친구들과 함께 있다는 사실에 안도감을 느꼈다.

자신과 같은 처지(시험 공부를 덜한) 또는 '나보다' 공부를 덜한 친구들이 내 눈 앞에 존재한다는 것만으로도 위안을 받았고, 열심히 하는 친구들에게서는 자극을 받았다.

발표불안의 해결도 마찬가지다. 혼자 연습을 하는 것도 분명 중요하다고 강조하는 바이지만, 공동체의 힘을 빌리면 조금 더 효율적으로 불안을 이겨내고 실력을 향상시킬 수 있다. 그러므로 공동체의 힘을 적극적으로 이용하라고 조언하고 싶다.

더욱이 '비슷한 목표'를 가진 사람들이 함께 모여 발표 연습을 하는 과정은 의미가 있다. 예를 들어, 발표불안을 극복하고 잘하고 싶은 대학생 그룹, 면접 울렁증을 극복하고 싶은 취업준비생 그룹, 불안을 이기고 프레젠테이션을 잘하고 싶은 직장인 그룹 등으로 말이다. 발표에만 해당하는 것이 아니라 무대공포증으로 고민하는 연주자들, 또는 더 세분하여 바이올린 연주자 모임, 피아노 연주자 모임도 좋다.

굳이 이렇게 세분하지 않더라도 무대공포증을 극복하는 원리는 동일하므로, 일단 함께 모여서 정확한 방법으로 불안을 극복하는 과정은 중요하다. **발표공동체를 이루면 어떤 장점이 있을까?**

첫째, 모임 안에서 서로의 존재를 확인하는 것만으로도 위안이 된다

많은 사람이 정신과 치료를 떠올리면 흔히들 여러 명의 환자들이 원탁에 둘러앉아 이야기를 나누는 '집단치료'를 떠올린다. 발표공동체의 효과도 '집단치료'의 치료적 근거와 유사하다.

정신의학에서는 1940년대에 집단 치료가 처음 소개된 이후 이미 그 효과가 입증되었다. 특히 일상적인 대인관계에 어려움을 겪는 '사회불안장애'에 상당히 효과가 있는 것으로 알려져 있다.

이들은 자신과 같은 아픔을 가진 사람들의 존재를 확인하고 함께한다는 것만으로도 안도감을 느끼고 정서적 지지를 주고받는다. 또한 알코올 중독 회복자들의 모임(Alcoholic Anonymous)과 같은 자조모임도 마찬가지다.

발표공동체에 모인 개인은 가족이나 친한 친구에게조차 공개하지 못한 자신의 '발표불안'이 더 이상 혼자만의 비정상적 고민이 아니라고 확인하는 순간 안도감을 느낀다. 더욱이 발표불안을 극복한 선배들을 보며 회복할 수 있다는 희망을 발견한다.

바로 그때부터 변화는 시작된다. 타고난 성격의 문제, 트라우마의 탓으로 돌리며 포기하고 회피하던 불안을 극복하기 위한 의지를 불태우기 시작할 것이다.

둘째, 서로에게 힘이 되는 진실된 조언, 피드백을 해줄 수 있다

여러분은 오랫동안 자신의 불안에 대해 많은 고민과 생각을 하고 곱씹으며 이론적으로는 거의 전문가급의 식견을 가지고 있다. 하지만 아직까지는 자신의 장점을 객관적으로 보지 못하고, 단점을 확대해석해서 왜곡되게 바라보았다. 특히, 자신의 떨리는 신체증상을 왜곡해서 받아들이고 있는데, 피드백 또는 다른 사람들의 증상과 비교해보면 조금 더 객관적으로 자신을 바라볼 수 있다. 자신과 비슷한 처지의 동료에게 받은 격려와 객관적인 피드백은 그 어떤 선생님이나 교수님의 조언보다도 가슴을 울릴 것이다. 또한 그것을 바탕으로 자신을 객관적으로 바라보고 변화를 위한 동기를 얻을 수 있다.

필자의 이야기다. 어릴 적부터 고소공포증이 있었다. 그런 필자에게 군대 훈련소의 낙하산 훈련은 입소 전부터 가장 큰 두려움이었다. 물론 이성적으로는 알고 있었다. 이 훈련은 안전하며, 허리에 연결된 끈이 나를 지켜줄 것이라고….

하지만 머리의 생각과는 별개로 몸은 이미 떨고 있었다. 그 순간 내 몸과 마음을 진정시켜준 건 빨간 모자를 쓴 조교의 말도 뇌의 이성적인 판단도 아닌, 나보다 조금 먼저 뛴 동기의 한마디였다.

"밑에서 볼 땐 무서웠는데, 막상 뛰니까 해볼 만해."

"시선을 멀리 바라보고 뛰면 좀 편해."

불과 몇 분 전까지 함께 떨고 있던 동기의 말을 듣자 신기하게도 한번 해볼 만하다는 용기가 생겼다.

전우애가 별건가? 우리는 불안과 전투 중이다. 조금 전까지 함께 떨던 동료의 해볼 만하다는 한마디는 여러분을 움직이게 하는 큰 힘이 될 수 있다. 공동체의 힘은 이런 것이다.

셋째, 모방효과가 있다

발표공동체 안에서 다른 사람들의 장점들을 모방하면서 서로 발전할 수 있는 기회를 가질 수 있다. 정신의학에서는 이를 관찰(spectator) 기법이라 부른다. A는 유머 감각이 좋아 발표 상황에서 분위기를 좋게 만든다. B는 임기응변이 좋아 예측하지 못한 상황에서도 잘 대처하는 것 같다. 각자의 장단점이 다르지만, 함께 발표를 연습하는 과정에서 알게 모르게 서로의 장점을 배우게 된다. 행동주의 심리학자 반두라는 모방의 힘을 실험으로 입증하기도 하였다.

비록 한 번 모방한 모습이 바로 행동으로 이어지지 않아도 괜찮다.

아주 내성적이고 조심성이 많은 민지 씨가 있었다.

그녀는 눈에 띄는 변화는 없었지만 발표공동체에 꾸준히 참여하였다.

그저 남들의 발표를 진지한 자세로 조용히 듣기만 했다.

그녀는 발표에 대한 부담감에서 어느 정도 벗어나 사람들 앞에 조금씩 나오기 시작했다. 그런 그녀가 신기했다. "이제 발표불안을 해결한 건가요? 계기가 있었나요?" 라고 물었다.

"다른 사람들이 발표하는 것을 보고 기록해둔 게 도움이 된 것 같아요."

민지 씨는 남들만큼 빠르게 시도하지는 못했지만, 천천히 지켜보며 배웠던 것이다.

다른 사람의 발표 모습을 보는 것만으로도 그녀의 뇌에서는 '거울 뉴런 세포(mirror neuron)'라는 특별한 장치가 작동하고 있었다. 거울 뉴런은 우리 모두의 뇌에 존재하기 때문에 당신도 동료들의 발표를 보는 것만으로도 자신도 모르는 사이에 변화의 준비를 하게된다.

우리의 뇌는 무한한 능력을 가지고 있다. 그냥 보고만 있어도 타인의 능력을 천천히 흡수한다니, 이만하면 인공지능보다 낫지 않은가?

일단 발표공동체에 소속되어 남들을 따라해보자. 그것이 어렵다면 처음에는 그냥 지켜보자. 무조건 도움이 되는 일이다.

집단의 힘을 강조한 정신과 의사 얄롬은 이렇게 말했다.

작은 배가 캄캄한 바다 위에서 목적지를 찾지 못하고 헤매고 있을 때 마음 속에는 불안의 감정이 차올라온다. 하지만 비록 목적지나 등대가 보이지 않더라도 같은 바다 위를 항해하는 또 다른 작은 배의 불빛을 본다면 그것만으로도 큰 위안을 얻게 된다.

우리는 발표불안이라는 캄캄한 바다 위에서 헤매고 있다. 나와 비슷한 처지의 동료와 함께하는 것만으로도 위안을 받고 도전할 수 있는 힘을 얻을 것이다. 물론 등대 같은 전문가의 도움을 받는다면 더욱 확실히 극복할 수 있다.

'발표불안'이라는 캄캄한 바다에서 등대 같은 전문가와 작은 배와 같은 동료들과 함께 극복하는 그룹 프로그램에 관심이 있다면 윤닥의 블로그를 참고하자. (https://blog.naver.com/mindyoondak)

08
나쁜 유전자는 없다
_부모님이 떨고 있는 자녀들에게 해줄 수 있는 일

집에 가면 필자를 아빠라고 부르며 졸졸 따라다니는 아들이 있다. 그 작은 아이에게서 한 번씩 내 자신의 모습이 보여 깜짝깜짝 놀란다. 의과대학 시절 유전의 힘에 대해서 질리도록 배웠지만, 아들을 보며 다시금 실감하곤 한다.

발표불안으로 고민하는 여러분은 유전자에 대해 어떻게 생각하는가? 자신의 불안의 원인은 부모님 또는 그 윗대 조상 중 누군가에게 물려받은 발표불안의 유전자 때문이라고 여기지 않았는가? 사돈의 팔촌까지 의심하기도 하고, 정확히는 모르지만 누군가에게서 떨리는 '나쁜 유전자'를 물려받았을 것이라고 생각했을지도 모른다. 또한 물려받은 발표불안 유전자 때문에 노력해도 안 되는 것이 있다고 합리화했을 수도 있다. 혹시 나중에 자녀들이 비슷한 발표불안을 가지게 될까봐 걱정했을 수도 있고, 자녀들이 친구들 앞에서 자신 없는 모습을 보일 때마다 왠지 모를 죄책감과 미안함을 느꼈을 수도 있다.

그러나 세상에는 발표불안이라는 나쁜 유전자는 없다. 물론 남들보다 예민한 자율신경계, 수줍은 성향 등이 유전을 통해 전달될 수 있지만, 이러한 성향이 모두 발표불안으로 직결되는 것도 아니다. 조현병은 유전적 요인이 많이 관여하는 질병으로 알려졌지만, 실제로 일란성 쌍둥이 한 명이 발병되었을 때 다른 한 명도 함께 발병할 확률은 50%에 불과하다. 유전적 원인이 100%인 질병은 아직까지 밝혀지지 않았다. 어쩌면 타고난 유전이라고 믿고 싶은 건 아닐까? 무대를 피하려고 합리화를 하고 있는지도 모르겠다.

누구나 아는 이야기지만, 자녀를 양육하는 방식은 매우 중요하다. 부모의 과잉보호는 발표라는 도전에서 실패의 위험을 더 강조하고, 불안을 더욱 높여 발표를 계속 회피하게 만든다. 반대로 너무 냉소적이고 비판적인 양육 태도 역시 자녀로 하여금 매사에 자신감을 잃게 하고 위축시킬 수 있다. 또한 발표불안으로 오랜 시간 불편을 겪은 부모들이 자녀에게 발표를 강요시키거나 오히려 불안을 너무 공감한 나머지 미리 보호하는 것은 모두 자녀들의 불안을 키우는 일이다. 자녀를 키우는 부모로서는 이런 원칙을 모두 고려하며 양육하기 쉽지 않은 것이 현실이지만, 명심해야 할 점은 적절한 발표 상황에 '지속적으로 노출'하는 일이 중요하다는 것이다. 분명한 건 발표불안을 극복할 방법도 존재하고, 수줍음이 많은 여러분의 자녀들을 독려할 방법 역시 존재한다.

발표를 앞두고 떨고 있는 자녀들에게 해줄 수 있는 일들을 알아보자.

1. 구체적인 목표를 설정하라

자녀의 발표에 중점을 둘 사항, 달성하고 싶은 구체적인 목표 설정을 함께 해보자. 예를 들어, 반장선거 연설을 한다면 당선 여부에 중점을 두지 말고 자신의 공약을 효과적으로 전달하는 것, 떨리더라도 끝까지 발표를 마치는 것을 목표로 무대에 오르도록 도와주자. 감정보다 구체적 목표에 집중하면 준비하거나 몰입하기 쉬울 뿐 아니라 달성했을 때의 성취감은 다음 발표 때의 자신감을 키워줄 것이다.

2. 리허설을 함께 해보고 장점을 찾아 피드백하라

발표를 앞두고 아이를 가장 잘 알고 있는 부모가 긍정적인 피드백을 주면 아이는 자신의 장점을 파악하고 자신감을 기를 수 있다. 발표 후에도 피드백을 주고받아야 한다. 목표를 달성했는지, 못했다면 장애물은 무엇이었는지 함께 이야기해보고 개선할 점을 파악한다. 목표가 너무 높았다면, 현실적인 목표로 재설정해주고, 연습이나 준비가 부족하지 않았는지 체크해본다.

3. 칭찬하라

발표를 준비하고 실행하며 노력한 행동들을 모두 칭찬해줘라.

부모가 되면 혹시나 자녀가 버릇이 나빠질까봐 칭찬에 인색하게 마련이다. 하지만 처음 세운 목표를 달성하기 위해 두려움을 극복하는 모든 행동은 칭찬해줘야 한다. 칭찬은 고래도 춤추게 한다. 떨고 있는 당신의 자녀에게 칭찬은 그 어떤 보상보다 달콤하고 강력할 것이다. 마지막으로 진짜 중요한 것이 하나 더 있다.

4. 부모가 변하라

여러분의 모든 행동은 자녀들에게 배움의 원료가 된다.

필자는 어릴 적부터 짝다리를 짚고 서는 습관이 있었다. 그런데 어느 날 걷기 시작한 지 얼마 안 된 아들 쿵이가 약간의 짝다리를 짚고 서 있는 것이 아닌가. 아직 말도 제대로 못하는 아들을 혼내야 할까? 내 습관을 바꾸는 편이 빠를까? 사실 어린아이들의 모방 능력은 상상을 초월한다. 아이의 뇌에 있는 거울신경세포들은 많은 시간을 함께 보내는 부모의 모습을 항상 스캔하고 복사한다.

아마 발표불안을 극복하지 못한 여러분은 자녀들 앞에서 이야기해야 하는 자리(일일 교사, 학부모 회의)를 최대한 피하며 지내왔을 것이다. 항상 남들 앞에서 당당하게 이야기하는 부모와 조금만 주목을 받아도 부끄러워하며 피해버리는 부모를 보고 자란 아이 중 누가 더 발표를 많이 시도하겠는가? 학부모 초청 강연에서 친구들 앞에서 멋지게 이야기하는 아버지를 보고 자란 아들은 어떤 마음을 갖게 될지 생각해보라. (완벽하게 발표할 필요는 없다. 단지 그 자리에 올라 이야기하는 것만으로도 자녀들의 눈에는 멋지게 보일 것이다.)

후성유전학이라는 학문에 의하면 유전자의 발현은 고정된 것이 아니라고 한다. 유전자 염기서열의 변화 없이도 어떤 경험을 하느냐에 따라 발현이 다르게 변할 수 있다. 다시 말해서 지금부터라도 부닥쳐 이겨낸다면, 그 역사의 기록과 긍정적 체험이 모두 유전자에 담겨 자손에게 전달될 수도 있다. 나의 아들·딸에게 또는 앞으로 태어날 자녀들에게 자신감 있는 유전자를 물려줄 수 있다면 용기를 낼 만하지 않은가?

지금부터 우리가 해야 할 일은 '나쁜 유전자'를 탓하며 '발표'를 피하는 일이 아니라 계속 연습하는 습관을 기르는 것이다. 자녀에게 발표불안을 물려주기 싫다면 더더욱 발표를 피하지 마라.

부모가 직접 행동으로 보여주는 것보다 더 좋은 교육은 없다.

내 속에 내가 너무도 많아
〈킬미 힐미〉

  두 가지 이상의 마음이 갈등을 일으키거나 자신도 모르는 의외의 모습에 놀라 혹시 다중인격이 아닌지 의심해본 적이 있는가? 드라마 〈킬미 힐미〉에서 배우 지성 씨가 몇 가지 인격들을 연기하며 다중인격이라는 소재가 대중에게 더욱 널리 알려졌다. 다중인격은 우리가 잘 알고 있는 지킬 앤 하이드의 이야기처럼 그 인격들이 극단적으로 분리되는 것을 말한다. 이를 정신의학에서는 '해리성 정체감 장애(dissociative identity disorder)'라고 하는데, 진단과 치료가 어렵고 실제로는 매우 드물다.

  하지만 극단적으로 분리된 인격을 갖지 않더라도 누구나 마음속에는 다양한 모습이 존재한다. 자동차도 속도와 도로 상황에 따라 기어와 주행 모드가 바뀌듯이 사람도 상황에 따라 순간순간의 정서 상태와 대처 방식이 달라진다. 스키마 치료를 창시한 제프리 영 박사는 모드(mode)라는 방식으로 이를 설명한다. 발표라는 상황을 예로 들어본다면 무대에서 발표를 앞둔 나의 마음속에는 '떨고 있는 나(스키마 이론에 따르면 취약한 나의 모드로 표현)'와 '용기 있는 나(건강한 성인의 모드로 표현)'가 공존하는데, 상황에 따라 둘 중 어느 한 쪽의 우세가 결정되고 대처 방식도 달라지게 된다.

'떨고 있는 나'의 마음이 우세하다면 불안과 공포를 느껴 무대를 피하고 싶을 것이고, '용기 있는 나'의 마음이 강하다면 힘을 내서 무대에 오를 수 있을 것이다.

정리하면, 누구나 무대 위에서 마음 속의 두 가지 이상의 모드를 가지고 있다. 그 모습들 중에는 무대 밑에서도 마음 한 편에 떨고 있는 '어리고 약한 나'의 모습이 존재한다. 이런 마음을 부정하거나 무시할수록 더욱 불안해지고 떨린다.

외향적 성격으로 대인관계도 좋고, 자기 분야에서 깔끔한 일 처리로 인정받아 과장까지 승진한 재영 씨. 겉으로 보기엔 성공 가도를 달리고 있지만, 남들에게 주목받고 발표를 해야 하는 상황이 힘들다.

중학생 시절 재영 씨는 책 읽기 시간에 친구들에게 망신을 당한 이후로 사람들 앞에 서는 게 힘들다. 사람들에게 주목을 받는 순간 떨고 있던 중학생 재영 씨가 마음속에서 커지고 그때로 되돌아간 것만 같다. 그때와 지금의 자신은 분명 다른데도 말이다.

무대 위에서 '떨고 있는 나'를 달래보자. 먼저, 무대공포증에 떨고 있는 건 나의 전체 모습이 아니라 일부의 모습이라는 점을 명심해야 한다. 필자가 번역한 스키마 치료 서적인 〈Transformational Chairwork〉에서 스콧 켈로그 박사는 의자기법(chairwork)을 이용해서 '또 다른

나'와의 대화를 권하기도 한다. 눈을 감고 마음속에서 작은 공간을 마련해 떨고 있는 나(취약한 아이)와 용기 있는 나(건강한 성인) 둘이 만나는 장면을 상상해보자.

일단 먼저 '용기 있는 나'가 '떨고 있는 나'를 안아주고 쓰다듬어주자. 이제 혼자서 떨지 않아도 된다고 안심시켜주자.

"왜 그렇게 떨고 있니?"

"그때의 감정은 어때?"

"지금 필요한 게 뭐니?"

'떨고 있는 나'는 대답할 것이다.

"사람들이 나를 무시할 것 같아"

"불안하고, 두려워"

"이 자리를 벗어나고 싶어"

'용기 있는 나'의 차례다.

"괜찮아, 잘할 수 있어"

"내가 옆에 있잖아. 우린 팀이야. 떨리는 건 누구나 당연해. 내가 도와줄게"

"그때는 서툴렀고 준비도 부족했지만, 지금은 달라졌어.

"모든 게 바뀌었어. 잘 해낼 수 있어"

많은 사람들은 두 가지 마음 사이에서 갈등하고 있을 때 어느 한 쪽의 마음이 승자가 되어야 한다고 생각한다. 하지만 약한 마음을 가진 자신의 모습을 없애는 것이 아니라 달래고 어루만져주고, 강한 모습을 키워야 한다.

자신감을 잃고 구석에서 떨고 있던 모습도 자신의 모습이다. 마음에 들지 않고 부끄럽다고 부정할수록 더욱 떨리거나 불안이 심해질 수 있다. 물론 지금과는 다른 예전의 모습이라는 것을 깨닫는 게 가장 중요하다. 사실 우리는 계속 변하고 있다. 여러분도 이전과 달리 자신의 불안과 싸우기 위해 이 책을 읽고 있지 않은가. 마음의 거울을 보고 확인해보라. 예전보다 당당해진 여러분의 모습을.

"난 이제 겁먹은 어린아이가 아니야"라고 크게 소리쳐보자.

그리고 당당히 예전의 어린 자신을 달래주어라. 이제 용기 있는 내가 무대를 즐기고 내려오는 모습을 지켜보자.

6

승진이 두렵다?

직장인의 발표불안

01
일부러 떨어보자
_취업준비생의 면접 울렁증 극복하기 I

중·고등학생에 비해 대학생은 다른 사람들 앞에서 발표를 해야 할 상황이 많다. 하지만 대학생들에게도 발표는 필수가 아니라 '선택'이다. 자신이 없으면 발표를 피하더라도 좋은 성적을 받을 수 있는 기회는 충분히 많다. 대학생들은 발표불안이 있다는 것도 알고 자신이 회피하고 있다는 것도 알지만, 당장 극복해야 할 만큼 급한 일이 아니다.

하지만 대학을 졸업하고 취업을 준비할 무렵 더 이상 피할 수 없는 면접이라는 강력한 장애물이 나타난다. 더구나 요즘은 취업에서 면접의 비중이 커지면서 '면접 울렁증'은 반드시 넘어야 할 장애물이다.

짧은 시간 안에 좋은 평가를 받아야 하는 취업준비생들에게 면접은 떨리는 무대다. 합격에 대한 바람이 간절할수록 긴장과 불안감은 커진다.

형근 씨는 청심환을 두 손에 꼭 쥐고 면접 시험장에 도착했다.

올해만 스무 번째 면접이지만 긴장되는 건 마찬가지다. 차례가 가까워질수록 손발이 떨리고, 심장은 두근거린다. 주변을 둘러보니 다른 사람들은 모두 여유 있어 보이고, 혼자 떨고 있는 듯해 더욱 위축된다.

드디어 차례가 되어 면접장에 들어갔다. 무뚝뚝한 면접관의 표정에 주눅이 들어 미리 준비했던 질문을 받았지만 머릿속이 하애진 채 아무것도 생각이 나지 않았다.

준비를 많이 하거나 평소에 잘하다가도 긴장되는 상황에서 제 실력을 발휘하지도 못하는 이들에게는 무대공포증과 발표불안은 치명적인 약점이기도 하다. 긴장하면 심장이 빨리 뛰거나, 얼굴이 홍당무로 변해 더욱 당황한다. 심지어 혹시라도 면접관들이 자신의 긴장과 초조함을 알아차릴까 두려워 집중을 하기 어렵다.

면접에서 떨지 않을 수는 없을까?

일시적으로 우리 뇌는 면접의 상황을 위협으로 받아들인다. 당락의 열쇠를 쥔 면접관들이 짧은 시간 안에 자신을 평가하기 위해 매서운 눈으로 노려보고 있기 때문이다. 가슴이 두근거리고, 손발이 떨리고, 호흡이 가빠지는 등의 신체 증상을 멈추고 싶지만 마음대로 되지 않는다. 문제는 떨지 않으려고 노력하면 할수록 더 떨게 되는 역설적인 결과가 발생한다는 점이다. 이런 역설의 이유는 '자율'신경계 때문인데, '자율(autonomy)'이라는 단어는 이름 그대로 신경계의 의지대로 움직인다는 의미를 지닌다.

학창 시절에도 '자율성'이 보장된 시간이 있었다. 바로 자율학습 시간이다. 그 시간에는 무슨 공부를 하든 자신이 마음대로 정할 수 있었다. 물론, '자율'만 강조하고 학습을 하지 않는 친구들은 선생님들께 혼이 나기도 했지만 말이다. 이 시간에는 아무리 선생님들이라 할지라도 학생들이 어떤 공부를 하든 통제할 수 없다. 이 신경계도 이름 그대로 자신의 활동에 자율성을 가지고 있기 때문에 우리의 의지로 통제하기 어렵다. 즉, 우리가 원하는 대로 조절되지 않는다는 말이다. 늘 그렇지만 통제력의 상실은 불안으로 다가온다. 마음대로 조절되지 않는 자율신경계의 증상은 우리를 불안하게 만든다.

게다가 증상을 억지로 멈추려는 노력은 오히려 우리의 신체에 '스트레스'로 작용한다. 스트레스가 작용하면 교감신경은 더욱 활성화되고 떨지 않으려 할수록 더 떨리는 역설적 상황이 된다.

그렇다면 이런 상황에서는 어떻게 해야 할까? 방법이 없는 것일까? 해법은 있다. 긴장되는 순간에 일부러 더 떨어보는 것이다. 갑자기 이게 무슨 뜬딴지같은 소리냐고 생각하는 사람들도 있을 것이다. 불안해하는 행동을 의도적으로 계속하거나 오히려 더 과장하도록 하여 문제행동에 대한 조절력을 향상시키도록 하는 것이다. 이는 앞에서 설명한 '역설적 강화'이다.

긴장과 불안의 무대로부터 도피하지 않고, 반대로 자신의 불안과 정면으로 맞서면 오히려 우리 신체의 자율신경계는 안정화된다. '부교감신경'이 활성화되어 덜 떨리는 것이다. 신기하게도 일부러 더 떨려고 하면 떨 수도 없을 뿐더러 오히려 불안 증상은 줄어든다.

그래도 마음먹기 쉽지 않다면 이 글을 읽으며 마음을 다스려보자.

흔들릴 때는 흔들리고, 휘청거릴 때는 휘청거리고,

납작 엎드려 울어야 할 때는 엎드려 울기도 한다.

나무들을 보니, 풀들을 보니, 다 그렇게들 살고 있다.

그렇게들 흔들리고 다시 의연히 푸릇푸릇 피어나고 있다.

흔들릴 땐 흔들린다. 나무나 풀처럼.

-자림의《사소한 용기》중

모두 떨린다. 당신만이 아니라, 옆자리에 있는 스펙 좋고 자신감 넘쳐 보이는 지원자마저도.

02
걷기 명상
_취업준비생의 면접 울렁증 극복하기 II

어느 날 여우가 백 개의 다리를 가지고도 잘 걷고 있는 지네에게 물었다.

"지네야, 넌 어떻게 그 많은 발들을 다루니? 한 발 다음에 어느 발이 뒤따라야 하는지 어떻게 아니? 백 개의 다리를 말이야. 그런데도 넌 매우 자연스럽게 걷고 있으니 놀라운 일이다. 과연 어떻게 이런 조화가 일어날 수 있어?"

지네는 당황했다.

한 번도 자신이 어떻게 백 개의 다리를 움직이는지 생각하며 걸어본 적이 없기 때문이다. 그 순간부터 지네는 더 이상 걸을 수가 없었다. 지네는 처음으로 주체와 객체가 분리되어 둘이 되었다.

- 오쇼 라즈니쉬 〈장자, 도를 말하다〉

너무나 당연하다고 여겼던 것에 대해 질문을 받으면 당황하는 경우가 있다. 머릿속에서 맴도는 생각들이 정리되지 않고, 말이 꼬여 답을 할 수가 없다.

면접에서는 엄청난 스킬과 능력보다 얼마만큼 침착하게 자신의 실력을 발휘할 수 있는지가 관건일 수도 있다. 이를 위해서는 어떻게 해야 할까?

많은 취업준비생들은 모두 면접 울렁증을 단기간에 극복할 수 있는 방법을 원한다. 하지만 불안을 근본적으로, 제대로 극복하는 데는 상당한 시간이 걸린다. 필자도 근본적인 불안 극복 방법을 전파하기 위해 이 책을 쓰기 시작했다. 하지만 여러분을 위해 임시방편적인 방법을 찾아보기로 했다. 앞서 설명한 복식호흡법과 긴장된 근육을 하나씩 모두 이완시키는 근육 이완법을 이용하면 '면접 울렁증'을 일시적으로 조금 줄일 수 있다.

명상도 도움이 된다. 매사추세츠 의과대학 정신과학교실의 존 카밧진 교수는 마음챙김(mindfulness) 명상의 정신의학적 효과에 대해 연구하고 치료에 적용하고 있다. 그의 마음챙김 명상은 어떠한 판단도 하지 않고 현재에 집중하는 상태를 말한다. (사실 명상은 우리 조상들이 오래 전부터 사용해오던 것인데, 근래에 서양에서 체계적으로 연구하고 발표하고 있으니 조금 억울한 마음이 든다.) 미래에 대해 맹목적으로 두려워하고 걱정하기보다는 현재에 몰입하라는 뜻으로도 해석이 가능하다.

면접을 앞두고 있는 우리도 마찬가지다. 자신의 이야기, 면접관들의 질문 또는 자신의 연주에 집중해야 한다. 하지만 우리의 뇌와 신체는 청중 또는 면접관들이 어떤 반응을 보일지에 대해 생각하고 두려워하고 있다. 어쩌면 이런 불안은 우리가 만들어낸 '창조적' 불안인지도 모른다.

우리가 만들어낸 창조적 불안감으로 굳어진 긴장을 풀기 위한 방법에는 여러 가지가 있을 수 있지만, 갑작스럽게 면접이 닥친 취업준비생들에게 당장 필요한 것은 굳어 있는 뇌와 신체의 긴장을 조금이라도 푸는 방법일 것이다. 규칙적이고 지속적으로 명상을 하면 스트레스 호르몬인 당질 코르티코이드 수준이 낮아지고 교감신경의 긴장이 떨어진다고 한다. 단 한 번의 명상으로 면접 울렁증을 완전히 없애지는 못하겠지만, 적어도 중요한 발표나 면접 당일 반복적으로 명상하고 호흡을 조절하면 긴장을 푸는 데 도움이 될 것이다.

당일 아침이다. 어젯밤 면접을 걱정하느라 늦게 잠들어 눈도 제대로 뜰 수가 없지만, 일어나자마자 다시 걱정과 두려움이 몰려든다. 실수를 하거나 연습한 만큼의 성과를 내지 못할 것이라는 자동적인 생각은 이미 발생하고 있다. 앞서 이야기했듯이 비합리적인 생각을 바꾸고, 반복해서 연습하면 불안을 조절할 수 있다. 그럴 시간이 없다면 다음과 같이 해보자.

초조한 마음에 면접 준비물을 챙기느라 바쁘겠지만, 3분 정도 시간을 내어 앞서 설명한 호흡과 근육 이완법을 시도해보자. (5장 참고) 불안의 감정에서 호흡의 움직임으로 집중이 옮겨갈 것이다. 불안과 두려움을 회피하지 않고, 호흡과 신체 감각으로 집중해보자. 이 과정을 통해 무대에 몰입하여 자신의 능력치를 더 발휘할 수 있을 것이다.

마음이 조금 안정되었다면 면접 장소에 한 시간 정도 일찍 도착해보자. 도착한 뒤 마음 편히 주변을 돌아보며 걷기 좋은 장소를 찾아보자. 가능하다면 버스나 지하철을 한두 정거장 먼저 내려서 걸어가도 좋다. 하지만 초행길인 경우 길을 헤매다가 지각이라도 한다면 긴장이 심화될 수도 있으므로, 면접 장소에 도착한 후 근처에서 여유 있는 장소를 찾는 것을 추천한다.

걷기 명상을 하는 방법은 다음과 같다.

1. 팔은 양쪽에 편하게 늘어뜨리고 발은 적당히 벌려 평행하게 하고 시선은 부드럽게 정면을 향해 보자.
2. 첫 발을 디디며 발과 땅이 접촉하는 감각에 집중하자.
3. 발을 올릴 때마다 다리와 종아리 근육에 집중하며, 디딜 때 발꿈치부터 시작된 발바닥의 감각을 세심히 느껴보자.
4. 한쪽 발에 몸무게를 싣고, 나머지 발을 들어 올리고, 걸을 때 발과 다리의 신체 감각의 변화 패턴을 느껴보자.
5. 걷는 감각에 집중함으로써 불안과 두려움에서 점점 벗어남을 느낄 수 있다.

천천히 감각을 느껴도 불안이나 두려움이 줄어들지 않는다면, 걷는 속도를 올리거나 자세를 조금 변화시켜 걸어보자. 단순히 회피하거나 없애려는 노력으로 불안과 두려움에서 벗어나는 것이 아니라, 오히려 다른 집중과 몰입이 일어날 때 불안은 줄어든다. 움직임을 통해 신체와 뇌도 미리 활성화되어 곧이어 있을 면접에서 실력 발휘를 더 잘할 수 있게 도움을 줄 것이다.

이것 역시 필자가 만들어낸 이야기가 아니다. 요즘 정신의학에서 주목받고 있는 마음챙김 기반 인지치료(Mindfulness-Based Cognitive Therapy, MBCT) 의 '걷기 명상'이다.

밤새 잠을 안 자고 울기만 하는 아들 쿵이를 달래기 위해 아기띠를 메고 거실을 밤새 걷던 시절이 있었다. 병원에서 환자들의 치료를 위해 사용하던 걷기 명상에 착안해, 아기띠를 메고 걸으며 '아기띠 명상'이라 이름 붙이고 주변에 널리 전파하곤 했었다.

잠이 부족해 졸립고 힘든 순간이었지만 발바닥의 감각에 집중하며 걷기를 수없이 반복하다보니 어느 순간 그런 감정들로 인한 괴로움이 조금 줄었다. 그러다보면 어느 순간 해맑게 잠든 쿵이를 발견할 수 있었다. 이처럼 뭔가 한 가지 감정에 압도되었을 때는 객관적인 판단이나 행동을 하기 어려운데, 걷기 명상은 조금 더 떨어져서 자신을 객관적으로 바라보도록 도와준다.

여러분도 불안과 두려움으로부터 어느 순간 해방될 수 있다. 급할 때는 이것저것 생각하지 말고 무작정 따라해 보는 것이 좋은 선택일 때도 있다.

03
취업준비생의 우울감 극복 운동

"아프니까 청춘이다."

무한경쟁사회에서 탈락의 고배를 마신 취업준비생들에게 흔히들 이런 위로를 해주지만 실제로 큰 위안이 되지 못한다. 캠퍼스의 낭만은 없어진 지 오래되었고, 취직을 위해 휴학이 필수 코스가 되다시피 했다. 분명 우리나라의 인구는 줄어들었지만 취업 경쟁은 점점 더 치열해지는 것 같다.

사실 초등학교 입학과 동시에 경쟁은 이미 시작되는 셈이다. 남들보다 영어 단어 하나라도 더 외우고, 수학 문제 한 문제라도 더 풀려고 애쓴다. 대학에 가기 위해 중·고등학교 시절 책상 앞에 앉아 잠을 줄여가며 꽃다운 청춘을 바친다. 하지만 막상 대학에 가도 끝난 게 아니다. 대학 졸업장이 취업을 보장해주는 시대는 지났으니까.

공들여 이력서와 자기소개서를 써보지만 20년 넘게 치열하게 살아온 자신의 인생을 멋지게 표현할 말이 많지 않다. 인생의 공허함을 제대로 느껴본다.

진료실에서는 끝없는 터널을 혼자 달려가는 느낌에 활발했던 원래의 성격마저 변해버렸다고 토로하는 취업준비생의 푸념을 자주 들을 수 있다. 사실 그렇다. 취직 준비를 하다보면 공부보다 마음이 더 힘들다. 준비 기간이 길수록 점점 지쳐간다. 단순히 취업 실패로 인한 초조함만은 아니다.

합격한 친구들에게 느끼는 상대적 박탈감, 부모님께 대한 미안함과 죄책감, 계속되는 서류 심사 탈락 등 힘든 일이 너무도 많다. 같이 준비하던 친구들이 합격해서 하나 둘 떠나가고 혼자 남은 것 같은 외로움과 상실감은 불안과 우울의 감정으로 번진다. 2018년 취직 포털사이트 잡코리아에서 취업준비생 2,188명을 대상으로 '취업준비 시 힘든 점'에 대한 주제로 조사한 결과 '취업이 안 될 것 같은 불안감'이 32.4%로 1위를 차지했다. 또 다른 포털의 조사에서는 구직자 10명 중 6명이 '취업 우울증'을 경험했다고 할 정도니 취업준비생들은 경쟁자뿐만 아니라 자신의 불안, 우울의 감정과 더 많이 싸우고 있는 것이다.

미국의 심리학자 에릭슨의 발달 이론에 따르면 21-39세의 주요 발달 과업은 친밀감(intimacy) 형성이다. 이 단계는 사회생활을 통해 가족이 아닌 다른 사람들과 얼마나 친밀한 사회적 관계를 맺을 수 있을지가 중요한 시기다. 이런 친밀감을 형성하는 데 실패하면 고립감을 느끼고 대인관계를 회피하게 된다. 아마도 이 모습이 취업에 성공하지 못한 우리 시대의 2030 취업준비생들이 겪는 심리적 스트레스일 것이다. 이

기간이 길어지고 스트레스가 반복되면 슬픔과 우울감을 넘어 심한 우울증으로 발전하는 경우도 있다.

정신의학에서는 우울증의 여러 가지 원인 중 뇌에서 세로토닌과 같은 신경전달물질들이 결핍되어 우울증이 발생한다는 '모노아민 이론(monoamine theory)'이 우세하다. 실제로 정신과에서는 우울증을 치료할 때 이러한 이론을 바탕으로 결핍된 세로토닌을 보충해주기 위해 '선택적 세로토닌 재흡수 억제제(SSRI)'를 사용하여 약물치료를 한다.

물론 단순히 이 약물을 복용해서 일시적으로 기분이 좋아진다고 해서 우울이라는 부정적 감정이 완전히 해소되는 것은 아니므로 우울증을 극복하기 위해서는 정신과 전문의를 찾아 자신의 상태를 진단, 평가하고 함께 향후 계획을 세워야 한다.

하지만 현실적 어려움과 부담 때문에 입사 시험을 앞둔 취업준비생들이 정신과 병원을 방문하지 못하는 경우가 많은 것 같아 개인적으로 안타깝다. 방치된 작은 우울감이 아주 큰 우울증으로 발전할 수도 있고, 조기에 적절한 치료를 받으면 큰 무리 없이 생활할 수 있는데도 말이다.

병원을 방문해서 약물치료를 받는 것을 제외하고 우울한 감정을 회복하는 데 도움이 되는 두 가지 방법에 대해 알아보자. (물론 약물치료와 병행했을 때 효과는 더욱 좋다.)

첫 번째는 생각 바꾸기다.

앞서 이에 대해 언급하기도 했지만, 우울한 감정에서 벗어나는 데 자신의 생각을 바꾸는 방법이 매우 효과적이라는 것은 이미 많은 연구를 통해 입증된 사실이다. 그리고 이 책의 핵심 메시지이기도 하다. 우울증의 반복되는 재발의 중요한 원인 중 한 가지는 생각의 왜곡이다. 왜곡된 생각을 합리적인 생각으로 바꾸면, 반복되는 우울감을 줄일 수 있다.

미국의 정신과 의사 아론 벡 박사의 인지행동치료(cognitive behavior therapy) 기법을 배우면 누구나 해볼 수 있다. 특별히 우울증이 없더라도 자신의 부정적인 감정을 조절해보고 싶은 사람들은 이 기법을 배워서 실제 생활에 적용하면 많은 도움을 받을 수 있을 것이다.

두 번째는 운동이다.

운동을 하면 기분이 좋아진다는 것은 누구나 아는 이야기다. 학창 시절 친구들과 축구나 농구를 하며 땀을 흘리고 나면 기분도 좋아지고 친구들과 깊은 유대감도 느낄 수 있었다. 격렬한 운동을 하지 않더라도 친구와 손 잡고 뒷산이라도 오르면 시원한 바람을 맞으며 스트레스가 해소되는 경험을 한 적도 있을 것이다.

의학적으로 살펴보아도 우울증의 약물치료와 운동이 병행되었을 때 단독 약물치료보다 더욱 효과 있다는 연구결과도 이미 발표되었다. 운동은 뇌와 혈액 속 트립토판의 농도를 증가시킨다. 트립토판은 세로토닌을 합성하는 상대적으로 작은 아미노산이므로 큰 아미노산에 비해 상대적으로 재흡수가 불리하다. 하지만 운동을 하게 되면 발린(valine)·루신(leucine)·아이소루신(isoleucine) 등의 큰 아미노산은 근육을 강화하는 데 사용되고, 뇌에서는 상대적으로 크기가 작은 트립토판이 세로토닌의 합성을 증가시켜 기분을 좋게 만든다.

또한 운동은 뇌세포의 성장을 촉진하는 영양제인 '뇌신경 성장 촉진 인자(BDNF)'의 분비와 활성을 증가시킨다. 피곤하거나 우울하면 머리가 멍해지면서 두뇌 회전이 잘 되지 않는 느낌이 생기는데, 운동으로 뇌세포를 자극해 기억력에 도움이 될 수 있다.

규칙적으로 운동을 하면 건강 및 신체적 조건도 좋아져서 타인으로부터 긍정적인 피드백을 받을 가능성이 크고, 자존감이 높아질 수 있다. 또한 우울감, 걱정, 불안감 등으로 압도된 상황에서 벗어나 회복의 기회를 얻을 수 있다. 미국의 심리학자 멘델은 30분 이상 달리면 몸이 가벼워지고 머리가 맑아지면서 경쾌한 느낌이 드는데, 이를 '러너스 하이(runner's high)'라고 불렀다. 이는 운동 시에 행복 호르몬으로 알려진 엔도르핀(endorphin)이 분비되어 기분과 심리적 안정감을 증진시키기 때문이다. 불금에는 클럽 대신 헬스클럽을 가자고 외치는 가수 김종국 씨가 아무리 촬영이 길어지고 힘들어도 매일 운동을 하는 이유도 역시 합법적 마약인 엔도르핀 효과 때문일 것이다.

이처럼 심리적 안정감과 기억력 증진 등의 효과를 생각할 때 책상 앞에서 과부하된 뇌를 깨우느라 의미 없는 시간을 보내는 것보다 조금이라도 짬을 내서 몸을 움직이는 게 훨씬 효과적이다.

적어도 시간이 없다는 핑계는 대지 말자. 운동할 시간이 아까워 책상에 앉아서 공부를 더 해야 한다고 생각하는가? 체력이 좋지 못하면 고도의 집중력을 오래 지속할 수 없다.

더욱이 수면 시간을 제외한 깨어 있는 모든 시간 동안 공부할 수 있을 만큼 우리 인간의 집중력은 좋지 못하다. 가장 두뇌를 많이 쓰는 운동인 체스의 고수들도 운동을 하며 늘 체력을 다진다고 한다.

저녁 시간에 운동을 하기에는 변수가 많다. 각종 약속, 모임, 수업 등 운동보다 우선순위로 여길 만한 요소가 많으니 이왕이면 새벽 시간을 이용하자. 혹시 아침형 인간이 아니라 불가능하다면 점심 시간에 짬을 내서 30분 정도라도 꾸준히 해보자. 기분 안정과 인지 기능을 위해서는 한 번에 강도 높은 운동을 하고 며칠 쉬는 것보다 약한 강도라도 지속적이고 꾸준하게 운동하는 것이 도움이 된다.

어떤 운동이 구체적으로 우울증에 좋다는 확실한 근거는 아직 없다. 그저 자신이 좋아하는 운동부터 시도해보자. 처음에는 잘 되지 않겠지만 자꾸 움직일수록 뇌의 근육이 더욱 발달할 것이다. 근육과 뇌 사이의 연결고리가 강해질수록 기분은 안정될 것이다. 취업 준비에 필요한 집중력은 날카로워지고, 기억력은 강화될 것이다.

취업준비생들이여, 이제 책을 잠시 덮고 움직여볼 때다!

04
신입사원의 자기소개와 술의 힘을 빌린 건배사

"ooo님 합격을 진심으로 축하 드립니다."

영대 씨는 오랜 취직 준비 끝에 대기업에 취직했다. 합격의 달콤함도 잠시, 정신 없이 3개월의 수습 기간을 보낸 후 본격적으로 일하게 될 부서로 발령이 났다. 하지만 최근 환영회를 앞두고 걱정이 태산이다. 신입사원 환영 회식은 많은 임원들이 참석한 가운데 신입 사원들이 자기소개와 건배사를 하는 순서가 있었다. 학창 시절부터 발표에 대한 부담감으로 조별 발표조차 해본 적 없고, 발표가 부담스러워 면접 비중이 적은 이 회사를 선택한 그였기에 자기소개는 물론이고, 건배사도 너무도 부담스러웠다.

인터넷 검색도 해보고 서점에 가서 건배사 관련 책을 사서 읽어보기도 했지만, 신선한 건배사를 해야 한다는 부담감뿐 아니라 먼저 직장 상사들의 시선을 온몸에 받으며 자기소개를 할 생각만 해도 진땀이 흐른다.

회식 당일, 긴장되는 마음으로 일찍 도착해 최대한 눈에 덜 띄는 자리를 골라본다. 고기를 구우며 상사들의 이야기를 경청하는 척해보지만 이미 '불안'은 그의 귀를 막고 있다. 드디어 사장님의 환영 인사가 끝나고 입사 동기들이 차례로 자기소개를 하기 시작한다. 이어 동기들은 진달래(진하고, 달콤한, 내일을 위하여), 청바지(청춘은 바로 지금부터), 119(1가지 술로, 1차만 하고 9시 전에 가자) 등을 외치며 술잔을 힘차게 들어 올린다.

차례가 다가올수록 심장은 요동치고 떨림이 심해져 견딜 수가 없다. 눈앞에 놓인 소주를 연거푸 세 잔을 마셨다. 정신이 알딸딸해지니 불안이 조금은 줄어들고 자신감이 생기는 것 같다. 꿈인지 현실인지 모르겠지만 일어나 준비한 자기소개와 건배사를 마치고 자리에 앉았다. 아마도 술이 대신 건배사를 해준 듯하다. 하지만 어떻게 지나갔는지는 중요하지 않다. 끝났다는 것이 중요하니까.

입사 후 많은 직장인들이 부담을 느끼는 것 중의 하나가 자기소개 또는 건배사다. 신선하고 강렬한 건배사를 찾는 것은 밤샘업무보다 몇 배 강도의 스트레스로 다가올 수도 있다. 물론 건배사는 초반 어색한 분위기를 부드럽게 만들고 자연스럽게 얼굴과 이름을 익히는 데 도움을 준다는 좋은 취지로 시작되었을 것이다. 하지만 이런 순기능에도 건배사의 상황은 발표불안이 있는 우리에게는 어쩌면 가장 도망가고 싶은 순간이다. 다른 발표는 핑계를 대거나 피할 수 있지만, 건배사는 누구에게나 동일한 기회(?)를 보장하니 피하기도 어렵다. 앞서 한 사람들의 반응이 좋을수록 부담스럽다.

이런 순간에서 벗어나는 손쉬운 방법은 자신의 차례가 돌아오기 전에 술을 빨리 마셔 불안에 떨고 있는 맨정신을 마비시키는 것이다. 맨정신으로 불안과 마주치는 건 너무 가혹한 일이니까. 술의 힘으로 건배사의 불안을 넘길 수는 있겠지만, 문제는 그 다음이다. 혼자 힘으로 해결하지 못했다는 자책감 때문에 발표불안은 더욱 커진다. 물론 술자리에서 이루어지는 발표에서 술을 마시고 이야기하는 게 이상한 일은 아니지만, 불안을 억누르기 위해 빨리 술을 마시는 행동은 불안을 일시적으로 회피하는 것이다. 이처럼 일시적인 불안감 해소를 위해 빨리 술을 마시는 행동은 다른 상황의 불안과 두려움을 더 키우는 결과를 초래한다.

몇 잔의 술은 발표에 도움을 줄까?

실제로 술자리 이외의 발표에서도 약간의 술을 마시고 발표하는 사람들도 종종 있다. 술은 일시적으로 이성적 판단과 정서적 반응을 무디게 만들어 마치 용기가 생긴 듯한 착각을 하게 한다. 또한 다른 사람들의 반응에도 둔해져 하고 싶은 말을 술술 할 수 있는 것처럼 느껴진다. 하지만 술을 많이 마시면 당연히 수행능력에 악영향을 미쳐, 충동적으로 실수를 하거나 오히려 제 실력을 발휘하지 못할 수도 있다. 또한 불안을 낮추기 위해 술에 의존하는 습관을 갖게 될 수도 있다.

그렇다. 인간은 이루고자 하는 목표에 손쉽게, 빨리 도달하도록 도와주는 것이 있으면 그것에 의존하게 되는 경향이 있다. 스트레스를 풀기 위해 술에 의존하거나 잠을 자기 위해 습관적으로 수면제를 찾게 되기도 하는데, 근본적인 해결 없이 술이나 수면제 등에 의존하게 되면 더 큰 문제가 생길 수 있다.

이번에는 여러분이 연거푸 마신 술이 건배사의 흑기사가 될 수 있었을지라도 발표불안을 근본적으로 해결해야 할 주인공은 결국 자신이다. 발표 자리에 항상 술병을 들고 다닐 수는 없는 일 아니겠는가.

05
준비된 대본의 두려움
_유인물 발표

30대 은행원 은정 씨는 퇴근 시간이 훨씬 지났는데도 컴퓨터 앞을 떠나지 못하고 있다. 내일 아침 모임에서 직장 상사와 동료들 앞에서 신규 카드 상품에 대한 브리핑을 맡았기 때문이다. 준비가 부족해서 떨리는 건 아닌 것 같다. 상품에 대해 누구보다 많이 공부하고 발표에 사용할 자료도 완성했지만, 안심이 되지 않는다. 그녀가 가장 신경 쓰이는 것은 내일 배포할 '유인물'이었다. 고치고 또 고치고, 외우고 또 외워도 불안해진다. 유인물이 완성된 후에도 발표할 때 준비한 내용을 빠트리거나 실수를 하면 어쩌지 하는 생각이 머릿속을 떠나지 않아 불안하다.

드디어 아침이 밝았다. 사람들이 하나 둘 모이기 시작했다. 엄숙한 분위기에서 한 사람씩 자신이 맡은 발표를 하고 있다. 앞사람의 발표가 끝을 향해 달리고 이제 곧 그녀의 차례다. 유인물들이 떨리는 그녀의 손을 떠나 사람들에게 전달되고 있다. 사람들의 눈은 유인물을 스캔하고 귀는 그녀의 목소리에 집중하고 있다. 침을 꿀꺽 삼킨다. 이 순간이 어떤 발표보다 떨린다. 마치 광장에서 모두 옷을 입고 있는데 혼자 벌거벗고 있는 것처럼 부끄럽다. 은정 씨의 눈에는 청중들이 유인물이라는 정답지를 들고 자신의 실수를 찾고 평가하는 냉정한 심사위원인 것 같아 보인다. 마치 시험지 채점을 받는 초등학생처럼 쭈뼛쭈뼛 유인물을 읽어나간다.

중반쯤 떨리는 목소리에 당황해서 두세 문장을 생략했다. 말실수는 또 왜 그리 많았는지. 긴장하고 당황해서 눈에 보이는 활자도 그대로 따라 읽지 못한 자신이 너무 싫다. 발표를 마친 은정 씨는 부끄러워 회사 밖으로 뛰어나가고 싶다.

"보고 읽으면 되는데 뭐가 떨린다는 거야?"

"많아야 종이 한두 장에 적힌 글을 읽는 것뿐인데…."

유인물 발표에 대한 두려움을 이해하지 못하는 사람들도 많다. 하지만 발표에 불안을 느끼는 분들 중 특히 유인물 발표를 부담스러워하는 분들이 많다. 그래서인지 필자가 진행하는 발표불안 극복 프로그램 마지막 주에 이루어지는 모의 발표회에서 유인물 발표에 도전하는 분들도 적지 않다. 어쩌면 우리 모두의 첫 발표는 엄밀히 이야기하면 유인물 발표였을지도 모른다. 초등학교 시절 순서대로 돌아가며 책 읽기를 했다. 어린 마음에 친구들이 실수를 크게 하거나 자신의 차례를 놓치면 놀리긴 했지만, 그때는 그렇게까지 책을 읽는 '발표'가 어렵지는 않았다. 성인이 된 지금은 왜 그럴까?

청중들이 유인물이라는 대본을 보고 자신을 면밀히 평가한다는 생각 때문이다. 그들이 나의 실수를 좀 더 쉽게 알아챌 것 같기 때문에 두렵다. 역시 두려움의 핵심은 자신의 실수가 남들에게 드러나는 것이다. 이런 생각 때문에 불안과 두려운 감정이 커지고 위축된다.

그런데 이런 생각들이 합리적일까? 우리는 앞서 이미 자동적인 생각이 감정을 결정한다는 아주 중요한 인지행동의 이론을 배웠다. 왜곡된 생각으로 불안과 두려움의 감정이 발생하고, 부정적인 감정을 변화시키려면 자신의 생각이 타당한지 우선적으로 체크해야 한다고 했다.

'유인물 발표를 할 때 실수하면 사람들이 형편없는 발표라고 생각할 것이다.'라는 생각은 합리적이고 균형 있는 생각인지 검토해보자.

먼저 유인물은 발표 내용을 이해하는 데 도움을 주고, 효과적인 전달을 도와주는 보조적인 도구다. 유인물을 이용해 발표자가 준비한 그대로 발표하는지 검사하기 위한 목적이 아니다. 또한 일반적으로 청중이 눈으로 글을 읽는 속도가 발표자가 말하는 속도보다 더 빠르다. 그래서 대부분은 유인물을 먼저 읽거나 발표를 들으며 관심이 가는 부분의 내용을 찾아보는 형태로 사용된다. 즉, 유인물에 적힌 글자 하나하나를 정확히 읽고 있는지 확인하는 데 관심을 갖는 사람은 매우 드물다.

사실 유인물 발표는 오히려 더 쉬운 점이 있다. 머릿속이 하얘지는 일시적 망각을 두려워할 필요도 없다. 청중들도 나의 대본을 들고 있지만, 나 역시 대본을 들고 있으니 기억이 나지 않으면 쉽게 찾아볼 수 있다. 발표는 청중과 발표자의 줄다리기처럼 누가 이기고 지는 싸움이 아니다. 또한 유인물에 있는 내용을 그대로 완벽히 전달해야 한다는 규칙도 없다. 그저 자신이 스스로 만든 정신적 감옥에서 두려움과 조바심을 내고 있는 것이다.

준비한 대로 발표하지 못하면 실패한 것일까? 비슷한 맥락에서 PPT 발표도 마찬가지다. 약간의 실수 또는 준비한 한두 문장을 생략하거나 건너뛰는 경우를 두려워한다. 자신이 준비한 발표 대본 그대로 하지 못하는 경우 좌절하거나 자책하기도 한다. 이러한 생각 역시 합리적인 것일까? 그렇지 않다. 대본은 발표자가 만든 것이다. 물론, 준비를 잘해 연습대로, 대본의 흐름대로 발표를 해낸다면 이상적이겠지만, 현실적으로 토씨 하나 틀리지 않고 외우기는 어렵다. 더구나 그게 무슨 의미가 있을까?

청중의 입장에서 발표자가 어떤 내용을 준비했는지, 몇 가지 내용을 건너뛰거나 순서를 바꾼다고 해도 알 수 없다. 더구나 때로는 대본대로 완벽히 외워서 이야기하는 것보다 상황에 맞게, 청중의 반응에 따라 내용을 적절히 바꿔가며 발표하는 것이 더 효과적일 수도 있다.

물론 완벽히 준비하려는 마음가짐으로 최대한 철저히 준비하는 것은 중요하다. 준비가 철저할수록 무대에서 자신감이 생긴다. 하지만 준비한 내용을 그대로 똑같이 발표해야 한다는 마음은 발표불안을 더욱 성장시킬 뿐이다. 유인물이나 PPT는 시각적인 보조 자료일 뿐이다. 당신을 평가하기 위한 답안지가 아니다.

06
승진이 무서워

직장인들이 기다리는 즐거운 소식은 두 가지다. 월급날과 승진. 하지만 여기 승진이 달갑지 않은 남준 씨의 이야기가 있다.

평소 성실하고 깔끔한 일 처리로 직장 내에서 인정받아온 직장인 남준 씨는 최근 임원 승진을 앞두고 있다. 동기들보다 승진이 빨라 동료와 후배들의 부러움을 한 몸에 받고 있지만, 그에게는 승진이 마냥 기쁜 일만은 아니다.

사실 그는 어린 시절부터 남들 앞에서 이야기하는 데 불안감이 있었고, 언제나 그런 상황을 피하려고 노력해왔다. 입사 후에도 회의시간에 차례가 되면 너무 심장이 떨린 나머지 재빨리 상사의 의견에 동의를 표시하기도 하고, 다른 궂은 일을 자처하며 피하기도 했다. 오히려 보상적으로 다른 업무들을 더 열심히 하였고, 그 능력을 인정받았다. 하지만 이제 임원으로 승진하게 되면 직원들을 통솔하고 회의를 주관하는 일을 피할 수 없게 된다. 그 생각만 하면 머릿속이 하얘지고 벌써부터 등줄기가 오싹해진다. 그런 상황을 마주하여 망신당할 생각을 하니 차라리 회사를 관두는 게 나을 것 같다.

발표에 두려움이 있는 사람들은 직장을 선택할 때 고려할 사항이 많아진다. 영업처럼 사람을 상대하거나 서비스 등의 업무를 최대한 배제하고, 문서 업무나 혼자 할 수 있는 일을 찾아 취업한다. 요즘 같은 취업난에 자신이 원하는 대로 된다는 보장은 없지만, 그들에게는 매우 중요한 고려 사항이다. 서류전형 합격 후 면접 울렁증은 어찌어찌 넘기더라도 입사 후가 문제다. 아무래도 회사라는 조직은 다른 사람들과 어울려 업무를 진행하고 자신의 성과에 대해 발표해야 할 일이 많다. 또한 부서를 옮길 때마다 회의나 발표는 계속 생긴다. 더욱이 근속 기간이 오래되어 승진할수록 리더십을 발휘하여 통솔해야 하는 상황은 필연적이다. 고위 관리직으로 진급한다는 것은 또 다른 업무 능력, 즉 발표력과 리더십을 발휘해야 한다는 의미이기도 하다.

하지만 가끔 회의를 주관하거나 자신의 의견을 낼 때가 되면 가슴이 쿵쾅거리고 머리가 하얘지고 온 몸이 굳어지며 혀가 바짝바짝 타 들어간다. 이런 불쾌한 느낌이 싫다. 격렬하게 도망치고 싶다. 도망친다는 의미는 회의를 하다가 뛰쳐나가는 반응만을 뜻하는 것이 아니다. 준비한 내용을 대충 짧게 마무리 짓거나 실제로 그렇지 않더라도 '동의한다' 또는 '의견이 없다'며 짧게 말하고 순간을 넘기려는 행동 모두를 포함한다. 또한 회의를 피할 수 있는 핑계를 찾거나 회의 대신 다른 업무를 도맡아 처리하기 위해 애쓰기도 한다.

이러한 적극적인 노력에도 피할 수 없는 회의나 발표는 그들을 고통스럽게 하고, 심지어 자신이 리더가 되어 주관해야 하는 상황은 상상만으로도 두렵다.

직급이 오를수록 동료들의 기대치가 높아지기 때문에 부담감이 더욱 커진다. 더구나 그동안 자신의 불안감을 내비치지 않도록 많은 노력을 해왔기 때문에 혹시라도 남들이 자신의 긴장을 알아챌까 두렵다. 긴장이나 실수를 다른 사람들이 눈치 채 망신을 당하면 여태 직장에서 쌓아 올린 것들이 무너지거나, 더 이상 존경이나 인정을 받지 못할 것이라 생각하니 더욱 초조하다. 부담스러운 상황임은 분명하다. 하지만 여태 직장 내에서 인정받고 그 자리에까지 오른 것은 떨지 않고 말을 잘했기 때문이 아니다. 오히려 떨리는 모습을 인정하지 않고 더 숨기려고 하면 불안감이 감당하기 힘들만큼 커진다.

얼마 전 TV 예능 프로그램에서 개그우먼 박나래 씨가 모교 개그 동아리를 찾아간 이야기가 방영된 것을 보았다. 후배들에게 그녀는 너무도 성공한 선배였다. 방송에서 큰 웃음을 주는 그녀였지만, 대학 후배들과 함께한 무대가 너무나 긴장되고 떨렸다고 한다. 청중과 후배들의 기대감, 뭔가를 보여줘야 한다는 부담감이 바로 그녀를 긴장시킨 것이다. 인기 연예인도 떤다!

회사에서도 승진을 하고 직급이 오르면 기대감이 높아진다. 발표에 불안이 있던 사람이라면 회의나 발표 기회가 많아지는 것이 더 부담스러울 것이다. 더구나 잘해야 한다, 무언가를 보여줘야 한다는 부담감은 발표불안을 무럭무럭 키우게 되는 영양분이다.

가장 좋은 방법은 지금이라도 당장 더 이상 발표나 회의 상황을 피하지 말고 적극적으로 부딪쳐보는 것이다. 하루라도 어릴수록 좋다. 불안을 피하고 시간을 보낼수록 상상 속의 두려움과 불안은 복리 이자처럼 계속 불어난다. 일찍 시작했다면 더 좋았겠지만, 그렇다고 지금이 늦었다는 말은 아니다. 지금부터라도 시작해야 한다. 이제는 더 이상 이리저리 핑계거리를 찾을 수 없다. 결국 떨리는 신체 감각에 압도되거나 불안한 상황을 임시방편적으로 회피하기보다는 자신의 왜곡된 사고를 찾고, 합리적으로 생각 바꾸기를 통해 불안을 조절해보자. 발표나 회의에서의 발언 능력이 점차 개선되고 업무 능력은 더욱 업그레이드 될 것이다.

누구나 장점은 있다
〈미생〉

2014년 tvN 드라마 〈미생〉은 한 무역회사에서 일어나는 직장인들의 삶을 현실적으로 그려내 격렬한 지지와 공감을 받았다.

'발표'와 직장인은 떼려야 뗄 수 없는 관계인 것처럼, 여기서도 중요한 장면이 있다. 〈미생〉 4회에서는 인턴 사원들의 입사를 위한 치열한 프레젠테이션을 다룬다. 스토리가 너무 재미있어 놓쳤을지 모르겠지만, 임원들의 날카로운 질문에 당황하며 머릿속이 하얘지는 발표자의 모습, 청심환을 먹지 않아 너무 긴장한 나머지 발표를 일시적으로 중단하는 모습 등 바로 현실 세계 직장인들의 발표 모습이 그려진다.

평소 똑부러지는 일 처리와 유창한 외국어 실력의 안영이(강소라 분)는 발표도 역시 완벽에 가깝게 해내며 임원은 물론 동료 인턴들의 주목과 부러움을 한 몸에 받는다. 어디든 꼭 그런 완벽한 캐릭터들이 있지 않은가. 업무 능력도 훌륭한데 발표마저 잘하다니 너무도 신기하다. 그녀는 우리와 다른 종류의 사람일까? 떨리지도 않을까? 도대체 얼마나 완벽히 준비를 하면 떨지 않을까?

분명한 건 그녀도 떨린다. 여키스-도슨 법칙(Yerkes-Dodson law)

에 의하면 적절한 긴장은 자신의 수행능력을 최대치로 발휘하게 한다. 너무 떠는 과도한 긴장도 문제지만, 너무 긴장하지 않아도 자신의 능력을 제대로 발휘하지 못한다. 아마도 안영이는 적절한 긴장을 이용해 어떻게 자신의 발표 능력을 최대한 발휘하는지를 아는 것 같다.

다음은 평소 매사에 자신감이 넘치지만 발표 직전 떨고 있는 좌충우돌 '현장맨' 한석율(변요한 분)의 차례다. 그는 평소 발표불안이 있어 청심환을 복용한다. 하지만 이번에는 청심환을 챙겨오지 못했고, 그 사실을 뒤늦게 안 한석율은 더욱 긴장하고 당황한다. 청심환 등에 심리적으로 의존했을 때 발생할 수 있는 일이다. 물론 청심환 등이 일시적으로 불안을 완화시키는 작용을 할 수 있을지 모르겠지만, 그것이 없을 때는 오히려 더 불안하고 긴장된다. 심리적으로 의존했던 것이 없을 때 더욱 불안해지는 것이다. 발표를 시작한 한석율은 심한 불안으로 말을 더 이상 이어갈 수 없는 상황에 부닥치고, 급기야 중단하게 된다. 이때 같은 팀인 장그래(임시완 분)는 중요한 한마디를 남기며 등장한다. "화려한 언변과 기교를 버린다."

그렇다. 발표불안을 해결하기 위해 필요한 것은 발성의 기술과 기교가 아니다. 한석율 같이 평소 언변이 좋은 사람도 무대를 두려워하고 떨 수 있다. 스피치 학원에서 아무리 발성 기술과 기교를 배워도 발표가 계속 불안한 이유이기도 하다.

비록 장그래의 구원등판은 실패했지만, 결국 한석율은 다시 자신감을 찾고 무사히 발표를 마친다. 청심환도 소용없었던 그를 변화시킨 것은 무엇이었을까?

"요즘 젊은 사람들은 현장의 중요성을 너무 몰라." 현장의 중요성을 지적한 임원의 이 한마디가 그에게 용기를 주었다.

한석율은 자신보다 많은 것을 알고 있고 경험이 많은 임원들 앞에서 주눅이 들었지만, '현장'은 그가 자신 있는 분야였다. 그는 현장(공장)에서 일하는 가족들 사이에서 자라며 많은 경험과 이해를 가지고 있는 '현장맨'이었다. 현장의 중요성을 지적한 임원의 한마디는 마치 자신의 장점을 지지하는 응원처럼 느껴졌을 것이다. 준비한 내용과는 조금 달라졌지만, 자신만의 경험을 살려 다시 발표에 몰입할 수 있었고, 자신감을 되찾을 수 있었다. 그 순간 그는 경쟁 인턴들, 직장 상사들의 평가에 대한 불안을 이미 초월했다. 현장은 자신이 최고로 잘 안다는 자신감이 있었으니까.

드라마에서만 일어날 수 있는 일이 아니다. 불안을 벗어나려면 먼저 자신의 장점을 파악하고, 그 부분에 집중, 몰입하는 것이 중요하다. 똑같은 내용이라도 자신만의 단점보다는 장점으로 재편집해보라. 청중보다 자신 있는 내용으로 그들 앞에 서면 부정적 평가에 대해 덜 떨릴 것이다. 자신의 단점만을 부각시키다보면 한없이 작아진다.

어떤 스포츠든 홈그라운드에서 승률이 높다. 여러분의 홈그라운드로 옮겨서 전투하라. 여러분만의 장점은 분명 있다.

7
음악인의 무대공포증

01
인데놀의 진실

여자친구와 이별하고 매일 술을 마시며 괴로워하던 대학생 시절이 있었다. 밤마다 필름이 끊어질 때까지 마시고 낮에는 숙취로 괴로워하기를 반복하며, 차라리 기억을 지워주는 약이 있었으면 좋겠다는 생각도 했다. 언젠가는 그런 약이 나올지도 모르지만, 안타깝게도 아직은 아니다.

여러분은 어떤 신비의 묘약을 원하는가? 혹시 발표나 공연 직전에 알약 한 알로 무대공포증이 없어지는 약을 원하는가?

이미 많이 알고 있겠지만 떨리는 상황에서 복용할 수 있는 알약이 실제로 존재한다. 바로 인데놀(Indenol)이다. 음악인이라면 한 번쯤은 '떨지 않는 약'으로 알려진 인데놀에 대해 들어보았을 것이다. 실제로 공연을 앞둔 음악인뿐만 아니라 면접을 앞둔 취업준비생, 첫 수업을 앞둔 교생 선생님 등 각자 분야는 조금씩 다르지만 무대에서 떨지 않기 위해 이 약을 찾는다. 2014년 시드니대학교 심리학과 교수 케니의 연구에 따르면 호주 오케스트라 연주자 377명 중 30%가 무대공포증으로 인데놀을 복용한다는 결과가 나왔다. 자신의 무대공포증을 인정하지 않거나, 밝히기 싫어하는 특성을 감안할 때 실제로는 훨씬 더 많은 사람들이 무대공포증으로 인데놀을 찾고 있다고 볼 수 있다. 더구나 제대로 된 진단과 처방 없이 맹목적으로 복용하는 이들이 많다. 그렇다면 '인데놀'은 우리를 무대공포증으로부터 진짜 해방시켜 줄 수 있을까?

인데놀은 어떤 약인가

떨리거나 긴장되는 순간에는 자율신경계 중 교감신경계가 활성화되고, 아드레날린(adrenaline) 등의 신경전달물질이 우리 몸의 여러 장기의 수용체와 결합하여 반응을 나타낸다. 예를 들어 아드레날린이 심장에 있는 수용체와 결합하여 활성화되는 반응이 우세한 사람은 긴장되면 심장이 두근거리는 증상이 강하게 나타난다.

인데놀은 베타 차단제(beta-blocker)의 한 종류로 원래 고혈압 치료를 위해 내과에서 처방되는 약물이다. 이들은 아드레날린이 수용체에 결합하는 것을 막아 교감신경이 활성화되는 것을 막는다. 무대에 오르면 긴장과 공포의 호르몬인 아드레날린이 분비되어 떨리는 신체 반응이 생기게 되는데, 인데놀을 소량 복용하면 아드레날린의 효과를 차단해서 가슴이 두근거리거나 손이 떨리는 증상이 줄어드는 것이다.

하지만 인데놀은 의학적으로 입증된 효과에도 몇 가지 주의해야 할 점들이 있다.

첫째, 근본적인 해결책은 아니다. 무대공포증은 크게 인지적, 행동적, 생리적(신체적)인 세 가지 측면에서 살펴볼 수 있다. 무대에 오르기 직전이나 도중에 지속적으로 떠오르는 실수에 대한 두려움, 완벽주의, 부정적 평가 등에 대한 생각과 연관된 인지적 측면, 무대를 앞두고 과도하게 준비하거나 아예 피하려는 행동 또는 무대에서 보일 수 있는 표정이나 몸짓과 연관된 행동적 측면, 심계 항진, 손 떨림, 어지러움 등의 생리적(신체적) 측면이 있다.

인데놀은 가슴이 두근거리거나, 손발이 떨리는 무대공포증의 신체적인 증상을 일부 줄일 수 있다. 하지만 실제 정상적인 떨림을 과도하게 느끼는 불안의 인지적 측면이 문제인 경우도 많다. 피아노를 치는 자신의 손이 너무 떨려 멈추고 연주를 망쳤다고 생각하지만, 실제로는 그 찰나의 순간은 아무도 눈치채지 못하는 경우가 많다. 물론 실제 음악인들을 대상으로 한 연구에서 인데놀이 신체적 불안 증상을 감소시켜 수행능력을 개선시킨다는 결과들도 있다. 하지만 사람에 따라 개선의 정도가 다를 뿐 아니라, 일시적인 개선일 뿐이므로 인지적, 행동적 불안을 함께 해결하지 못하면 근본적인 해결책이 아니라는 것이다. 즉, 무대공포증은 인지적, 생리적(신체적), 행동적 요소를 모두 고려해야 한다.

둘째, 정상적인 불안에는 효과가 없다. 여키스-도슨 법칙에 의하면 과도한 불안은 능력 발휘에 지장을 초래하지만, 적절한 불안은 오히려 최대의 능력을 발휘하는 데 도움이 될 수 있다고 한다. 이렇듯 양날의 검인 무대 공포는 어떻게 조절하느냐에 따라 자신에게 장애물이 될 수도 있고 무기가 될 수도 있다.

정상적 범주의 불안을 가진 사람이 인데놀을 복용하면 오히려 집중력 저하를 유발할 수도 있다. 실제로 음악인들을 대상으로 한 연구에서 고용량 복용은 수행능력을 떨어뜨릴 수 있다는 결과가 나왔다. 인데놀을 복용하고 손가락이 굳거나 정신이 멍해져서 연주를 망쳤다는 사람도 있다. 원래 혈압을 떨어뜨리는 약이므로, 혈류 공급이 줄어들어 손발이 저리거나 굳는 느낌을 줘 연주자들에게 문제가 될 수 있으며, 구역질·설사 등의 부작용이 발생하면 오히려 불안감이 증가될 수 있다. 또한 중추신경계에 작용하는 부작용(어지러움·피로감 등)으로 인해 집중력이 저하될 수 있다. 운동 선수들이 근육을 강화시키기 위해서 스테로이드를 사용하는 것은 반칙으로 규정하고 단속하지만 인데놀을 사용하는 연주자나 연기자에 대한 규정이 없는 것은 일시적으로 긴장을 완화시키는 것이 무조건적으로 좋은 결과만을 발휘하는 것은 아니기 때문일 수도 있다.

셋째, 심리적으로 의존할 수 있다. 인데놀은 용량에 비례하여 효과를 내지 않는다. 물론 인데놀은 내성이나 금단이 없다. 약물을 반복적으로 복용하여 내성이나 금단증상이 생기는 것을 '신체적 의존(physiological dependence)'이라고 한다. 즉, 신체적 의존이 생길 위험이 있는 약물이 아니다. 하지만 많은 용량을 복용한다고 긴장도가 더 감소하지 않는다. 게다가 불쾌한 감정이나 반응을 쉽게 줄이기 위해 약물을 계속 찾게 되는 심리적 의존은 생길 수 있다. 심지어 나중에는 약이 없으면 불안감을 더 크게 느낄 수도 있다. 원래 사람들은 쉽고 빠른 효과를 내는 물질에 잘 의지한다. 답답하거나 일이 잘 풀리지 않을 때면 근본적 해결책보다는 쉽게 기분이 좋아지고, 빨리 속상한 일을 잊을 수 있는 소주 한잔을 더 찾게 되는 것도 이 때문이다.

마지막으로, 명심하라. 현재 전문가들은 무대에 오르기 30분-1시간 전에 10-40mg의 용량을 복용하는 것이 효과적이라고 의견을 모으고 있다. 또한 이 약은 일반적으로 천식·당뇨, 일부 심장 질환 등이 있다면 주의해야 한다. 무엇보다 정신건강의학과 전문의의 정확한 진단과 처방이 우선되어야 한다.

발목을 다치면 뼈가 부러지지 않았더라도 발목을 고정하고 목발을 사용하도록 한다. 하지만 이 목발에 의지해서 평생을 살게 하지는 않는다. 필요한 기간에는 목발을 사용하더라도 결국에는 그것에 의존하지 않고 혼자 걸을 수 있도록 하듯이 이 약도 일회성의 공연이나 오디션에서 불안이 너무 심하다면 일시적으로 사용하더라도 결국은 자신이 혼자 무대에 설 수 있는 힘을 기르도록 해야 한다.

앞으로 여러분의 인생에서 크고 작은 무대에 오를 일이 많다. 첫 공연을 무사히 마친 후 다음 달에 더 큰 공연을 준비해야 할 수도 있고, 그 순간을 넘기더라도 계속되는 무대를 피할 수 없다.

아직 여러분의 인생에 수많은 무대가 남아 있다.

02
무대가 끝나도 불안하다

공연이 끝나고 막이 내리면 무대공포증도 끝날까? 흔히들 무대공포증은 무대에 오르기 직전 최고조에 오르고 공연이 끝나면 마무리된다고 생각한다. 하지만 사실은 그렇지 않다. 공연이 끝나도 무대에서의 실수가 계속 떠올라 괴롭고, 그때의 청중들의 반응이나 표정을 떠올리며 죄책감을 느끼기도 한다. 이처럼 무대가 끝난 후에도 무대공포증은 지속된다. 오히려 막이 내리면 불안감이 더 증폭된다. 좋은 무대를 펼치지 못했다고 생각했을 때 느끼는 좌절감과 상실감은 다음 무대까지 불안을 키운다.

사람은 누구나 인정받고 싶어 하는 욕구가 있다. 힘든 연습을 마치고 무대가 끝나면 청중의 인정을 받고 싶은 마음이 생긴다. 필자도 병원에서 열심히 진료하고 연구하는 의사라는 인정을 받고 싶다. 심지어 필자의 아들 쿵이도 최고라고 '엄지 척' 치켜세워주면 손뼉을 치며 좋아한다. 더구나 단 한 번의 공연을 위해 수많은 시간 연습하는 음악인들은 청중·동료·선생님의 인정에 갈증을 느끼며 조금이라도 더 완벽한 무대를 보여주고 싶어한다.

하지만 여러분이 생각하는 완벽하고 실수 없는 무대는 어렵다. 무대가 끝난 후의 불안은 자신만의 엄격한 기준으로 평가하고 도달하기 불가능한 목표를 달성하지 못했다고 자책하는 마음에서 온다.

물론 많은 연주자들이 겪어야 하는 숙명일 수도 있지만, 공연이 끝난 후 자신의 실수에 대해 크게 자책하거나 과도한 죄책감에 빠질 경우 불안을 넘어서 우울함까지 느끼게 되고 자신감도 떨어져 다음 무대에까지 영향을 주게 된다. 바로 이 부분이 공연이 끝나면서 다시 시작되는 무대공포증의 또 다른 얼굴이며, 어쩌면 가장 극복하기 어려운 단계라고도 볼 수 있다. 아무리 잘해도, 못했다고 자신을 평가해버리니 말이다. 이는 과도한 불안을 발생시키는 왜곡된 생각 중 '긍정적인 것 인정하지 않기'의 오류에 해당한다. "너무 좋은 공연이었어요."라는 다른 사람들의 칭찬을 들어도 "예의상 하는 말이겠지" 또는 좋은 결과가 있더라도 "오늘은 운이 좋았어" 하면서 받아들이지 않고 자책한다면 무대에 대한 자신감은 밑바닥이 어디인지 모를 만큼 떨어질 것이다. 어느 순간 무대는 더 이상 즐거운 곳이 아니라 두려운 장소가 되어 버린다.

어떤 면에서 무대의 공연보다 필기시험은 오히려 쉬워 보인다. 시험을 잘 치기 쉽다는 말이 아니라, 필기시험은 정확한 기준에 의해 채점을 하기 때문이다. 물론 사람마다 만족하는 점수에는 차이가 있기는 하지만 좀 더 객관적인 기준이 있으니까. 이처럼 학창 시절 그토록 공부를 하기 싫었지만 어찌 보면 시험 성적을 통해 객관적으로 평가를 받는 일이 속 편한 점도 있다.

공연이 끝난 후 자신의 성적표는 바로 자신이 채점하는 것이다. 연습을 열심히 하고 아무리 멋진 공연을 펼쳐도 자신의 흠이나 실수를 찾고 크게 확대 해석할수록 불안은 더욱 커질 뿐이다. 10분의 공연 시간 동안 매우 훌륭한 연주를 펼친 사람이 2초도 안 되는 실수에 대해 과도한 죄책감을 느끼고 자신의 전체 연주를 망쳤다고 생각한다면 그것은 과연 올바르고 합리적인 평가일까?

초등학생 시절의 이야기다. 필자에게 받아쓰기 시험은 너무도 두려웠다. 공부를 하기 싫거나 어려웠기 때문이 아니다. 또래 친구들에게 지기 싫었던 어린 마음에 실수로 한 문제라도 틀릴까봐 두려웠다.

어느 날은 10개 중 2개를 틀려 80점을 받고 울먹이며 집에 갔다. 틀린 두 문제만이 머릿속에서 맴돌았고, 밥 먹을 자격도 없다고 생각해 방에서 나오지 않았다. 하지만 "우와, 이 어려운 문제를 8개나 맞췄구나. 잘했어!"라고 칭찬해주던 어머니의 한마디에 다시 웃으며 방을 나올 수 있었다.

어머니의 말씀이 맞다. 2문제를 실수한 것도 맞지만, 8개를 맞춘 것도 역시 사실이다. 그때 나는 왜 틀린 두 문제 때문에 전체 시험을 망쳤다고 생각했을까. 0점이 아니고 80점인데 말이다.

중요한 것은 틀린 두 문제를 보완해서 다음에는 안 틀리도록 열심히 공부하는 것이지, 틀릴까봐 시험을 두려워하거나, 피하는 게 아니다.

어린 시절 필자를 울린 것은 받아쓰기의 틀린 문제가 아니라 작은 실수를 크게 확대 해석하여 과대평가하는 생각의 오류였던 것이다.

　여러분이 처음 음악을 시작하던 때를 생각해보자. 음악이 좋아서 시작한 어린 시절과 비교하면 지금의 연주 실력은 분명 비교할 수 없을 만큼 향상되었을 것이다. 그런데 왜 지금은 그때보다 더 무대를 즐기지 못하고 작은 실수를 두려워하고 있는가? 무대 직전에 최고조로 불안을 느끼고, 무대가 끝나면 불안이 해소되어야 한다. 자신의 실수를 자책하고 확대하기 시작하면 불안은 점점 커져 '무대'라는 공간은 더 이상 즐겁지 않고 두려운 곳이 될 수밖에 없다.
　다시 말하지만, 공연이 끝나고 여러분을 평가하는 것은 자신의 생각이다.

03
갑자기 악보가 기억나지 않아요

    무대에서 눈 감고도 연주할 정도로 수없이 연습했던 곡이 갑자기 기억나지 않고 머릿속이 하얘지는 경험은 악기를 연주하는 사람이면 누구나 한 번쯤 해봤을 것이다. 이미 데뷔한 실력파 가수들도 가사를 잊는 일에서 자유로울 수 없다. 볼 때마다 안타깝지만, 아무리 철저히 준비하고 수없이 연습해도 긴장되는 무대에서 갑자기 머릿속이 하얘지는 순간은 어김없이 찾아온다. 더구나 자신에게 중요한 무대일수록 이런 현상은 더 자주 나타난다. 갑자기 머리가 하얘지는 느낌의 일시적인 망각에 대한 두려움은 '무대공포증'의 전형적인 증상이다.

    이러한 일시적인 망각은 기억력의 감퇴로 볼 수 없다. 분명 직전 리허설이나 연습에서는 큰 문제가 없었고, 잠시 잊은 내용을 제외하면 뇌는 잘 작동되는 편이니까. 머리가 갑자기 나빠진 것은 더욱 아니다.

    치매나 건망증도 아닌데 왜 갑자기 그럴까? 도대체 원인은 무엇일까? '일시적 망각(memory slip)'은 기억력보다 오히려 집중력과 관련이 있다. 우리는 정보의 홍수 시대에 살고 있다. 하루에도 수많은 이메일과 카톡, SNS의 업데이트 알림을 받는다. 이중 자신이 원하는 특정 정보를 취하고 다른 신호는 무시하며 지나치게 되는데, 바로 여기에 이용되는 것이 우리 뇌의 '집중' 시스템이다. 자신을 공격할지도 모르는 맹수들이 우글거리는 정글을 걸어갈 때는 온갖 신경이 주변으로 뻗치고 아무 생각도 떠오르지 않는다. 마찬가지로 무대에서 불안이나 두려움으로 주변 상황에 집중하다보면 원래 처리하고 있던 인지 과정이 일시적으로 멈추게 된다.

사실 일시적 망각은 뇌과학적 측면에서 보면 자연스러운 현상이다. 일단 긴장되거나 두려운 순간이 되면 본능적 공포를 담당하고 있는 편도체라는 부위가 활성화되고 신경전달물질인 도파민·아드레날린 등을 빨리 분비하게 된다. 이런 과정을 통해 일시적으로 이성적 사고가 차단되게 되면 머릿속이 하얗게 되고 아는 단어도 입안을 맴돌게 된다.

더구나 사람의 주의 집중력에는 한계가 있다. 좋아하는 영화를 집중해서 보다가도 잠시 딴생각에 빠질 때가 있다. 흥미로운 수업이라도 계속 집중해서 듣는다는 것은 불가능에 가까워 보인다. 악기를 연주하고 있지만, 음악에 집중해야 할 에너지가 다른 사람의 표정이나 반응에 빼앗긴다면 자신의 능력(performance)을 제대로 발휘하기 어려울 것이다.

심리학자 게리 에머리 박사는 집중은 에너지와 감정을 동반한다고 했다. 다시 말해 자신의 연주에 집중할 수 있는 에너지를 100이라 할 때, 20-30의 에너지를 청중이나 다른 사람의 반응에 신경 써 불안의 감정을 발생시킨다면 자신의 무대에 집중할 에너지는 70-80밖에 되지 않는다는 것이다. 자신의 능력의 90을 무대에 쏟아붓는 것과 불안으로 인해 70만 집중하는 것 중 어느 쪽이 더 좋은 연주를 할 수 있을까?

따라서 긴장된 상황에서 일시적 망각은 누구에게나 생길 수 있는 자연스러운 현상이지만 한 가지에 집중해야 할 에너지가 주변 상황에 분산되어 에너지를 빼앗길수록 망각이 발생할 확률도 높아지고, 오랫동안 머릿속이 하얘질 가능성도 커진다.

그렇다면 극복 방법은 무엇인가? 타인의 평가나 반응보다 자신의 수행, 즉 무대에 올라 연기를 하는 이들은 맡은 배역에, 악기를 연주하는 사람은 음악에, 발표를 하는 사람들은 자신이 준비한 내용에 더 몰입하도록 해야 한다. 상황이나 개인에 따라 다른 것 같지만 외부의 반응에 흔들리지 않기 위해서는 '몰입' 상태가 필요하다.

헝가리 심리학자 칙센트 미하이는 몰입(flow)이란 인간이 최고의 집중력을 발휘하면서 행복과 감격을 느끼는 정신 상태라고 하였다. 몰입을 하게 되면 주변 상황이나 평가에 덜 흔들린다. 흔히 어떤 것에 흠뻑 빠져 스스로를 잊은 무아지경을 뜻하기도 하는데, 그러기 위해서는 음악과 자신, 단 둘만 존재하는 상태에 도달해야 한다. 타인의 평가에 대한 신경은 끄고, 자신의 음악에 대한 집중 스위치를 켜도록 하자.

물론 긴장되는 무대의 상황에서 몰입에 도달하는 건 쉬운 일이 아니다. 하지만 으슥한 골목길을 혼자 걸어갈 때, 노래를 듣거나 친구와 통화를 하며 다른 곳에 생각을 집중하면 두려움이 조금 덜 느껴지는 것처럼, 타인의 평가보다 자신의 음악에 몰입할 수 있어야 한다.

몰입을 위해서는 무대에서 자신이 어떻게 보이는지보다 이 무대 위에서 어떤 음악을 할 것인지에 대해 생각해보는 것이 좋다. 또한 음악을 '어떻게'(how) 잘할 것인지보다 '왜'(why) 음악이 하고 싶은지를 깨우쳐 내적 동기를 북돋워주도록 하는 것이 필요하다.

의도적으로라도 자신이 가진 에너지의 많은 부분을 몰입하려 한다면 여러분이 두려워하는 일시적 망각 현상이 줄어들 수도, 또는 그런 현상을 알아차리지도 못하고 넘어갈 수도 있을 것이다.

04
무대를 두려워하는 제자를 둔 선생님들께 I

요즘은 1인방송 시대이다. 유튜브 같은 영상 채널을 통해 원하는 것을 얼마든지 배울 수 있다. 시간과 공간의 제약이 없어지며, 지식과 기술을 적극적으로 나누기 때문에 점점 스승과 제자의 경계가 모호해지고 있는 것 같다.

하지만 아직까지 예술이나 의료 등 특정 전문 분야에서 스승의 존재감은 절대적이다. 스승들이 권위적이라는 말이 아니라, 오랜 시간 지식과 경험을 쌓은 분들에게 직접 배워야 하는 부분이 많기 때문이다.

필자가 20대와 30대의 대부분 시간을 보낸 병원도 마찬가지였다. 병원은 외부 사람들이 보기에 필요 이상으로 느껴질 만큼 선배와 스승에 대한 예우가 철저한 곳이다. 새내기 의대생 때는 이해되지 않았지만 환자를 치료하다가 해결하기 힘든 커다란 벽에 부딪칠 때면 혼자 시행착오를 겪는 것보다 먼저 앞서 경험하고 배운 분들에게 배우는 것이 얼마나 중요한지를 깨닫게 된다. 음악인들도 비슷하다고 생각된다.

하나부터 열까지 선배나 선생님으로부터 지도 받고 조언을 구하기 때문에 그들의 영향력은 절대적일지도 모른다. 실제로 음악적인 지도뿐 아니라 제자들의 롤 모델, 때로는 같은 경험을 공유하는 든든한 동료, 선배의 역할을 담당하니까 말이다.

그런 의미에서 음악적 기술과 기교를 가르치는 선생님들이 제자들의 떨고 있는 마음도 다독여 주길 간곡히 바란다. 사실 음악인들은 한 번의 무대를 위해 오랜 시간 열심히 뼈를 깎는 연습과 노력을 한다. 좁은 공간에서 반복되는 연습을 하며 좌절도 느끼고 스트레스도 많이 받는다. 그리고 첫 무대를 앞두고 불안과 두려움의 감정에 압도 당하기도 한다.

부정적 감정에 압도된 그들을 바라보면 매우 안타깝다. 오랜 시간 옆에서 지켜보는 선생님들은 더욱 그러할 것이다. 하지만 많은 선생님들은 그런 제자들의 어려움을 누구나 겪는 일이라며 대수롭지 않게 지나치기도 하고, 어떻게 대처해야 하는지 모르는 경우도 많다.

무대에서 긴장과 두려움으로 제 실력을 발휘하지 못하는 제자들을 위해 선생님들이 도와줄 수 있는 세 가지 방법에 대해 이야기해볼까 한다.

먼저, 무대를 앞두고 긴장되고 불안한 마음에 대해 터놓고 함께 이야기 해보자. 제자들이 무대를 앞두고 두려움이나 불안의 감정을 호소하기도 하는데, 이때 굳이 이런 감정을 없애려고 노력하지 않아도 된다.

무대에 오르기 전 떨린다는 고민을 털어놓으면 선생님이나 부모님들은 보통 "괜찮아. 잘할 거야" "처음엔 원래 그래" 하며 당근을 주거나 연습이 부족하다며 채찍을 준다.

물론 그러한 위로나 지적이 앞으로의 연주에 도움이 되는 부분도 있겠지만, 눈앞에 닥친 불안을 조절하는 데는 크게 효과적이지 않다. 위로나 지적을 받아들일 수 있는 상태가 아니기 때문이다. 감정을 좋은 감정과 나쁜 감정으로 구분 짓거나 부정적 감정을 없애려 하지 마라. 부정적 감정을 없애기 위한 반추(rumination), 걱정, 회피 등의 헛된 노력들은 오히려 그 감정을 더욱 통제할 수 없게 만든다. 그들이 그 감정을 인정하고 수용할 수 있도록 도와주는 게 필요하다.

제자들이 선생님에게 자신의 감정을 여과 없이 표현해도 이해받는다고 느끼면 더 적극적이고 안전한 의사소통이 이루어져 향후 음악적 교육에도 더욱 도움이 될 것이다.

또한 어린 제자들이 두려움이나 불안의 감정을 수용하기 위해서는 선생님이나 선배들이 경험한 감정과 극복 과정에 대해 이야기해주는 것이 도움이 될 수 있다. 다만 심리적인 어려움이 해결하기 어려운 수준이라면 전문가에게 서둘러 의뢰해 조기에 해결하도록 해야겠다.

두 번째, 무대가 끝난 후의 피드백도 중요하다. '바이올린의 전설'로 불리는 야샤 하이페츠의 스승인 레오폴드 아우어 교수는 〈매일 생각해야 할 사항들〉을 통해 이렇게 이야기했다. "언제나 자신의 연주를 마친 후 끊임없이 자신의 잘못을 찾아내고 그것들을 고치며 나쁜 습관들을 잡아내야 한다."

물론 나쁜 습관을 줄이고 정교함을 더해가는 게 음악인에게 반드시 필요한 일이라는 것은 인정한다. 하지만 끊임없이 자신의 잘못만을 찾는다면 실수나 부족한 부분이 점점 크게 느껴진다. 자신의 무대를 부정적으로 평가하고 실수에 대해 크게 확대해석할수록 무대공포증은 커진다. 무대를 통해 발전하기 위한 노력이 오히려 무대공포증을 키우는 역설적인 상황이 된다. 이를 막기 위해서는 무대를 객관적으로 분석해야 한다. 즉, 잘한 부분과 아쉬운 부분을 정확히 찾아 고칠 부분은 고치고, 칭찬할 부분은 칭찬해주는 게 중요하다.

1초의 실수도 허용하기 힘든 음악계의 현실을 인정하더라도, 실수만을 지적하면 진짜 중요한 것들을 놓칠 수도 있다. 점점 자신의 장점들을 잊게 되고, 무대에 오르면 단점만이 노출된 것 같은 수치심을 경험하기도 한다.

가장 효과적인 방법은 무대 이후 음악적 부분에 대한 피드백과 불안에 대한 피드백을 각기 전문가에게 받는 것이지만, 현실상 그럴 수 없다면 그 역할을 선생님들이 해준다면 분명 제자들이 훌륭한 음악인으로 성장하는 데 도움이 될 것이다.

마지막으로 선생님들도 무대공포증에 대해 정확한 교육을 받고 학생들에게도 교육해줄 것을 추천한다. 누구나 무대에서 떨린다. 선생님들도 처음에는 무대에서 많이 긴장했을 것이고, 지금도 어느 정도는 불안을 가지고 있을 수도 있다. 시간이 지나고 무대 경험이 많이 쌓이면 좋아진다고 말해주기보다는 자신의 극복 경험을 알려주거나 그것이 어렵다면 무대 공포를 다루는 법을 제대로 배워볼 것을 추천한다. 무대공포증이 생기는 원인, 증상, 극복 방법 등에 대해 제대로 공부해서 음악적 기술과 함께 지도해주면 어떨까. 필요하다면 이 책을 정독해도 조금은 도움이 될 것이다.

오늘도 많은 음악인들은 연습실에서 고독하고 외로운 자신과의 싸움을 계속하고 있다. 그러다보면 무대에서 불안과 두려움의 감정뿐 아니라 우울감이나 무력감을 느끼기도 하고, 실력이 마음처럼 늘지 않을 때는 분노의 감정을 느끼기도 한다.

때로는 친구처럼, 때로는 선배처럼 선생님들이 직접 옆에서 학생들의 감정을 다독여줄 수 있다면 더 많은 음악인들이 꿈을 잃지 않고 즐겁게 연주하며 무대에 오를 수 있을 것이다.

무대를 두려워하는 제자를 둔 선생님들께II

첫 연주 무대가 언제였는지 기억하는가? 중·고등학교, 빠르면 초등학교 때일 수도 있다. 개인에 따라서 물론 조금 더 빠를 수도 있다. 대부분은 성인이 되기 전에 첫 무대에 오른다. 꼭 음악을 전공하지 않아도 반장선거, 학급 회의 등 어린 시절 남들 앞에서 발표할 기회는 누구나 있을 수도 있다. 하지만 전문적으로 음악을 배우고 평가를 받기 위해 무대에 설 때의 긴장과 두려움은 어린 나이의 그들이 감당하기에 상당히 부담스러움에 틀림없다.

아이들은 단지 몸집이 작은 성인이 아니다. 신체적인 발달을 제외하고도 아직 성인이 되기 전의 어린이, 청소년기의 시기는 정서적으로 완전히 발달하지 않았기 때문에 성인에 비해 취약하다. 중2병이라는 신조어가 의미하듯이 청소년들은 사춘기 자아 형성 과정에서 겪는 혼란이나 불안과 같은 심리 상태를 겪고 있다. 사소한 사건으로 감정이 불안정해지기도 하고, 남과 다르다는 허세를 부리기도 한다. 하지만 우리는 학생들의 성숙하지 못함과 불안정성을 인정하면서도 그들이 무대에서 겪는 정서적인 반응에 대해서는 지금까지 그다지 귀를 기울이지 않았다.

가만히 있어도 어른들과 대화를 피하고 싶고, 또래 집단과의 소통만을 원하는 시기다. 더구나 자아가 완전히 형성되지 않아 자신의 내면적 상태를 정확히 파악하기도 어렵다. 그러므로 이 시기에 무대에서 두려움이나 불안을 느끼더라도 자신이 느끼는 감정이 정확히 어떤지 알기 어렵고, 제대로 표현하기도 힘들다. 주변에서 "열심히 하면 된다" "무대에서 즐겨라" "자신감을 가져라" 하는 말은 때로는 오히려 그들을 위축시키고 더 혼란스럽게 만들기도 한다.

그렇다면 그들도 잘 알지 못하는 '불안 신호(anxiety signal)'에 대해 주변에서는 어떻게 파악할 수 있을까?

선생님들이 알아야 할 학생들의 불안의 신호에 대해 알아보자.

- 이유 없이 레슨에 오기 싫어하거나 결석하기
- 대화를 거부하거나 짜증 내기
- 근심 걱정의 표정을 보임
- 이유 없는 분노의 표현(tantrum)
- 연주 직전이나 중간에 여러 가지 신체적 증상(두통·복통 등) 호소
- 무섭다고 이야기하거나 연주를 회피하는 증상을 보임

어린 시기에 두려움과 불안 등 부정적인 감정에 대해 제대로 다루지

못하면 무대공포증의 신호를 자신의 결함이나 음악적인 부족함으로 오해할 수도 있다.

　연습이 부족해서 불안한 것이라는 지적은 오히려 그들을 더욱 고립시키는 말이다. 2014년 멜버른 대학교의 팀 파스톤의 연구 결과에 따르면 학령기의 무대공포증은 시간이 지날수록 오히려 더 심해진다고 한다. 계속해서 무대 경험을 하면 좋아지리라는 일반적인 생각과 반대되는 결과다. 더욱 큰 문제는 이런 불안 등의 감정을 고백하면 멘털이 약하거나 정신적으로 문제 있는 사람으로 취급하는 사회적 분위기다. 불안, 두려움 등의 부정적인 감정은 자연스럽게 생길 수 있지만, 꽁꽁 싸맬수록 점점 커져서 걷잡을 수 없게 된다.

　또한 선생님들과 부모님들은 아이들의 심리적, 음악적 발달을 연결해서 이해 해야 한다. 일반인들에게도 널리 알려진 애착이론의 존 볼비와 자기심리학(self psychology)의 코헛은 아기와 어머니의 수많은 상호 작용을 통해 정신 구조가 발달한다고 하였다. 이러한 애착 관계가 잘 형성되면 옥시토신 (oxytocine)이라는 호르몬이 나오는데, 이 호르몬은 부정적인 감정을 조절하는 데 중요한 역할을 한다. 또한 안정된 애착은 항상성을 유지하도록 한다. 즉, 스트레스나 위협을 느끼는 상황에서도 덜 흔들리도록 도와준다. 이렇듯 초기 애착 반응은 아이의 성장에 많은 영향을 주고 중요하다. 하지만 생애 초기의 부모와 아기의 애착 관계가 끝이 아니다. 성장하면서 평생 발달하는 것이 애착 관계이며, 타인과도 이루어질 수 있다. 즉, 선생님과 학생도 음악을 가르치고 배우면서 애착 관계가 형성된다.

그런 의미에서 음악 레슨 선생님의 역할은 학생들에게 음악적 기교를 가르치는 것뿐만이 아닐 것이다. 선생님들의 교육 방식과 내용이 아이들의 정서 발달에도 중요한 역할을 한다는 것을 알아야 한다. 어쩌면 그들의 음악적 부모 또는 적어도 이모나 삼촌으로서 양육의 과정을 함께하고 있다는 표현이 맞을 것이다. 엄마가 아기에게 언제든지 기댈 수 있고, 배고프거나 잠이 올 때 자신을 구해줄 피난처의 역할을 하듯이 선생님은 음악적으로 힘들 때 자신을 지켜주는 베이스 캠프의 역할을 해줄 수 있어야 한다.

어린 시절부터 월트 디즈니의 〈라이온 킹〉이라는 만화영화를 즐겨 보았다. 그 만화가 좋았던 이유는 웅장한 음악과 재미있는 동물 캐릭터들 때문이었다. 하지만 정신과 의사가 된 후 다시 영화를 보니 다른 것들이 보이기 시작했다. 주인공 아기 사자 심바는 사자왕 무파사의 아들로 태어난 왕자였다. 하지만 숙부 스카에게 죽임을 당하는 아버지를 목격하는 트라우마를 겪고 밀림에 혼자 남게 된다. 그 위기의 상황에서 검은 멧돼지와 몽구스를 만나 진정한 사자가 되는 법을 배워 심바는 결국 다시 사자왕이 된다. 만약에 심바가 검은 멧돼지와 몽구스를 만나지 못했다면 어떻게 되었을까?

어쩌면 이 이야기는 단순한 디즈니 만화영화를 넘어서 인생 초기 이후에 맺은 인간관계가 어떻게 감정적 상처를 치유할 수 있는지를 보여주는 좋은 예이기도 하다. 음악을 하다보면, 또는 무대에서 연주를 하다보면 크고 작은 감정적인 상처들이 생긴다. 그런데 아직 성인이 아닌 어린 친구들이 그 감정적인 상처들을 감당하기엔 벅찰 수밖에 없다. 선생님들이 검은 멧돼지와 몽구스처럼 제자들을 잘 보살펴준다면 그들은 무대 위에서 불안과 두려움을 극복하고 자신의 능력을 충분히 발휘할 수 있을 것이다.

사자 왕이 된 심바처럼.

06
클래식 연주자들은 소심하다?

    연예인들의 혼자 사는 모습을 리얼하게 방송하는 TV 예능 '나 혼자 산다'에 래퍼 쌈디의 출연 장면이 한동안 화제였다. 새 앨범 발매를 앞둔 그는 많은 스트레스를 겪고 있었다. 대중들의 반응에 대한 걱정과 앨범 작업에 따른 스트레스로 불면증, 체중 감소, 심지어 우울함도 호소했다. 필자가 진료실에서 만난 음악인들의 이야기도 그와 크게 다르지 않았다. 부정적인 감정, 스트레스로 인해 음악 활동에 부정적인 영향을 주는 경우가 많았다. 이 밖에도 공황장애를 앓고 있는 B씨, 대인관계의 어려움을 호소하는 C씨, 계속되는 다이어트 약의 증량으로 고민 중인 아이돌 가수 D씨 등 고민의 종류는 다르지만 그들은 모두 부정적인 감정으로 고통받고 있었다. 무대공포증 역시 마찬가지로 불안, 두려움의 감정으로 음악인들에게 스트레스를 유발한다.

    그런데 필자가 경험한 바에 따르면 무대공포증을 호소하는 비율이 무용보다 음악 전공에 많고, 음악 중에서는 클래식 연주자들에게서 월

등하게 높았다. 만약 무대공포증이 성격적인 문제로 발생한다면 불안이 많거나 소심한 사람들이 애초부터 클래식을 선택하는 것일까? 아니면 무대공포증이 연습 부족으로 생긴 것이라면 클래식 음악인들은 비클래식 음악인들에 비해 열심히 하지 않는다는 말일까? 혹시라도 여러분의 친구나 지인 가운데 클래식 음악을 하는 사람이 있다면 연습이 부족해서 무대공포증이 생기는 것이 아님을 쉽게 알 수 있을 것이다. 그들은 정말 열심히 연습한다. 아직 무대공포증과 관련된 성격적, 사회 환경적 특성 등에 대한 연구가 부족하지만 성격이나 연습부족의 문제는 아닌 것 같다. 최근 필자가 예고 학생들의 무대공포증에 대한 연구를 진행하고 있지만, 우리나라에서는 아직 해외에 비해서 이 분야에 대한 관심이 매우 부족한 현실이다. 앞으로 많은 연구자들과 음악인들이 연구에 동참했으면 좋겠다. (무대공포증 연구에 관심 있으신 분들은 필자에게 메일을 보내주시면 감사하겠다.)

런던 대학교의 한 연구에 의하면 비 클래식 음악가들은 클래식에 비해 청중이나 무대와 쉽게 교감하고, 즐기는 경향을 가진다고 한다. 또한 클래식 음악가들은 자신만의 기준을 중요시(self-oriented)하는 한편, 비 클래식 음악가들은 음악을 통해 자신의 메시지를 전달하는 모습에 집중하는 방식이 강하다고 분석했다. 그러고보면 실용음악이나 대중음악은 어쩌면 청중들이 어떻게 느끼는지, 어떤 반응을 보이는지 등함께 분위기를 만들어가는 것을 중요하게 여기는 것 같기도 하다. 콘서트 무대의 대중가수들은 관객들의 반응에 따라 즉흥적으로 노래를 다르게 부르기도 하고, 자유롭게 즐기는 모습이 행복해 보인다. 반면에

클래식 음악은 정해진 기준 (자신이나 클래식 음악문화에서 통용되는 기준)에 도달하지 못하면 아무리 청중들이 아름다운 음악을 들었다고 하더라도 연주자는 그 무대를 만족하지 못한다.

그들은 주관적인 기준과 매번 싸워야 하는 것이다. 마치 거울 속의 자신과 가위바위보를 해서 이기려고 하듯이 자신이 정한 과도하게 엄격한 기준과 실제 연주를 비교하며 매일 지는 평가를 하는 사람들도 있다.

교육 방식의 문화도 클래식 음악인들의 무대공포증에 영향을 줄 수 있는 요인이다. 정교하고 섬세한 음악의 성격상 어쩔 수 없겠지만, 그들은 레슨 시간 내내 계속 '틀린' 부분만 지적을 받는다. 취향의 다양성과 자유로움이 어느 정도 허용되는 다른 장르에 비해, 어쩌면 클래식이 추구하는 완벽주의적 기준은 그들에게 무대를 점점 두렵게 만들고 있다. 음악을 시작한 지 오래될수록 완벽주의적 경향이 증가한다는 연구 결과를 보면, 교육방식이나 문화가 무대공포증의 형성에 기여한 바를 무시하기 어렵다. 클래식 음악에서 실수는 곧 '실패' 또는 '오점'이 된다. 물론 모든 음악인의 목표가 실수를 줄이고 완벽에 가까운 연주를 하는 것이지만 실수를 절대 허용하지 않는 경직된 분위기 역시 무대공포증 발생에 기여한다. 가사를 잊은 유명 가수들은 때로는 다른 가사를 넣어 부르기도 하고, 음을 잊은 재즈 연주자들은 애드리브로 연주해 넘겨서 오히려 박수를 받기도 한다. 이들의 차이는 애드리브를 허용하는 '자율성'과 '창조성'에 있어 보인다.

실수를 하지 않기 위해 노력하다가 진정으로 여러분이 전달하고자 하는 음악을 제대로 표현하지 못할 수도 있다. 중요한 것이 무엇인지 다시 한 번 생각해보자.

여러분이 음악을 하는 진짜 이유는 무엇인가? 연습해온 음악적 기교를 칭찬받기 위해서인가? 음악을 잘 표현해 청중들의 마음에 무언가를 울리기 위해서인가?

물론 여기까지는 필자의 주관적인 견해일 뿐이다. 음악에 대해 깊게 알지 못해도 적어도 이러한 교육 방식이 누군가에게는 '무대공포증'을 발생시킬 수 있다는 것은 알고 있다.

07
무대공포증 극복을 위한 셀프 처방
_멘털 리허설

어린 시절에 하던 상상은 언제나 즐거웠다. 상상만으로 하늘을 날기도 하고 소원을 이루기도 했다. 숨겨둔 전지전능한 힘을 발휘만 하면 무엇이든 이룰 수 있다고 생각했던 시절이 있었다. 하지만 어른이 되면서 상상은 무서운 것이 되어버렸다. 어린 시절과 반대로 일이 꼬이거나 피해를 입는 부정적인 상상을 주로 하게 되었다. 좋게 말하면 현실 감각이 생겼다고 볼 수 있지만, 세상이 무조건적으로 아름다워 보이던 어린 시절이 가끔 그리워진다.

상상의 힘은 언제나 우리가 알고 있는 것 그 이상이다. 맛있는 음식을 생각하기만 해도 입 속에 침이 고이는 것처럼 무대에서 실수를 하고 망신을 당하는 상상을 계속하면 두려운 감정이 떠오른다. 하지만 상상으로 복잡하고 정교하기로 유명한 우리의 뇌도 변화시킬 수 있다.

상상만으로도 우리의 뇌는 실제로 경험한 것처럼 느낀다. 좀 더 쉽게 이야기하면, 우리의 뇌는 상상의 연습(imagination)도 실제와 유사하게 받아들이는 훌륭한 능력을 가지고 있다. 어쩌면 인공지능에 뒤지지 않는 능력일지도 모른다. 아직 여러분의 능력을 실감할 수 없다면 한 유명한 연구 결과를 살펴보자.

피아노를 못 치는 사람들을 두 그룹으로 나눠 A그룹은 하루에 2시간 씩 5일 동안 실제 피아노 위에서 손가락 움직임을 연습하게 했다. B그룹은 똑같은 시간만큼 머릿속 상상으로만 피아노를 치는 '연습'을 시켰다. (즉 실제로 손가락을 쓰는 움직임은 없었다.)

두 그룹의 사람들의 뇌에서는 어떤 차이가 생겼을까?

뇌 영상을 확인한 결과 두 그룹의 뇌는 거의 유사하게 새로운 학습 패턴이 생긴 것으로 나타났다. 피아노를 실제로 친 뇌와 머릿속으로 피아노를 치는 상상을 한 뇌가 유사하게 반응한 것이다. 이처럼 상상의 연습으로도 뇌가 달라진 것이다. 유사한 뇌의 힘으로 기타리스트가 다른 사람의 기타 연주를 보는 것만으로도 그의 뇌에서는 기타 연주와 관련된 부위가 활성화되기도 한다. 우리 뇌의 거울 뉴런(mirror neuron) 은 이러한 뇌의 활동을 가능하게 한다.

이런 의미에서 '멘털 리허설(mental rehearsal)'은 무대를 미리 경험하고, 자신감을 높일 수 있도록 우리 뇌를 훈련시키는 좋은 방법이다. 실제로 할리우드에서 배우들이 연기를 연습할 때 이 방법을 통해 머릿속으로 수 없이 많은 연습을 한 후에 카메라 앞에 선다고 한다. 스포츠 선수들의 이미지 트레이닝도 마찬가지다. 큰 경기를 앞두거나 휴식 기간에도 선수들은 머릿속으로 특정 운동을 하는 상상을 한다. 이런 작은 행동들이 뇌의 연관 부위와 관련 근육을 조금씩 강화시켜 기량을 유지하도록 도와준다.

[멘탈 리허설 방법]

1. 연습하고 싶은 무대의 구성, 분위기, 청중의 수, 표정, 반응 등을 구체적으로 상상해본다. (실제와 흡사할수록 멘탈 리허설의 효과는 증대된다.)

2. 불안과 긴장의 점수를 체크해보고, 그때 자신의 '자동 사고'를 파악한다.

3. 합리적인 '생각 바꾸기' 후 불안 점수를 다시 체크한다.(불안이 감소했을 것이다)

4. 마지막에는 바꾼 생각을 가지고 무대에서 연주하는 상상을 하고 피드백을 해본다. 그리고 불안이 감소했던 이유를 다시 한 번 생각해본다.

5. 음악인들은 4번의 단계에서 공연장에 있다고 상상하며 실제로 연주를 해보면 더욱 도움이 된다.

　여기서 한 가지 주의해야 할 점은 무대 위의 자신의 모습을 관찰하는(3인칭의 관점에서) 상상을 해야 한다는 것이다. 자신의 관점에서 상상하는 것(1, 2인칭)보다 무대 위의 자신을 카메라로 바라보는 것처럼 상상하는 것이 더욱 객관적으로 자신을 바라볼 수 있는, 좋은 훈련이다.

　이런 훈련은 자기 암시, 이미지 트레이닝, 황제 훈련 등 다양한 이름으로 불린다. 긍정적인 자기 암시에 가깝기도 하고, 긍정적인 상황을 계속 연습해서 성공의 경험을 쌓는다는 의미도 있다. 부르기 쉬운 그 어떤 것으로 불러도 좋다. 상상의 연습을 반복하면 실전에서 그 무대는 여러분에게 그리 낯설지 않을 것이고, 최고의 기량을 발휘하도록 도와줄 것이다.

어린 시절 민방위 훈련을 하는 어른들이 참 이해되지 않았다. 또 군의관 시절에는 똑같은 훈련을 반복하는 군인들이 참으로 이해되지 않았다. 하지만 모두 같은 원리였다. 스트레스나 위기의 상황을 미리 연습하면 그런 상황이 왔을 때 조금 더 차분히 판단하고 능숙히 대처할 수 있다. 마찬가지로 무대에서의 상상 연습은 긴장과 두려움의 스트레스 상황에서 긴장을 줄이고 조금 더 차분하게 연주할 수 있도록 도와줄 것이다.

무대에 오르는 것을 상상하라. 어떤 옷을 입고 어떤 자세로 걸어갈 것인지, 설렘과 확신에 가득 찬 자신의 모습을 상상하라. 모두 여러분을 흐뭇하게 바라보며 기립 박수를 보내고 있다고 상상해보라. 그리고 무대가 끝난 후의 기분을 기억하라.

이제는 무대를 즐기고 있을 것이다. 행복한 결과가 예정된 공짜 연습을 마다할 이유는 없지 않을까?

가사를 잊는 래퍼들의 비밀

힙합을 좋아하던 동갑내기 외사촌이 있었다. 사교육의 중심지라는 대치동에 살았지만 공부에 큰 뜻이 없었고, 외숙모 몰래 학원을 빠지고 녹음실을 쫓아다녔다. 그 사촌 덕분에 필자는 우리나라에서 힙합이 크게 유행하기도 전부터 즐길 수 있었다. 물론 듣는 것을 즐겼다. 최근 들어 힙합 장르가 유행하고 M-net 방송사에서 'Show me the money' '고등 래퍼' 등의 오디션 프로그램이 인기를 끌면서 어린 시절 추억이 생각나곤 했다.

하지만 그것도 매우 잠시였다. '직업병' 때문에 흥겨운 음악도, 재미있는 예능 프로그램도 마음 편히 즐길 수 없었다. 특히 눈에 유달리 자주 들어오는 장면은 바로 큰 무대에서 '가사 실수'를 하는 가수들이었다. 많은 가수들이 중요한 무대에서 극심한 부담과 불안을 이기지 못하고 가사를 잊는 실수를 하지만, 오디션 무대는 더욱 긴장이 커진다. 당연한 이야기지만 많은 지원자들이 실수를 했고, 당사자는 물론이고 시청자들까지도 안타까운 순간이 많았다. '힙합의 거장'이라 불리는 가수 P-type도 부담감을 이기지 못하고 가사를 잊는 실수를 하여 탈락의 고배를 마셨다. 그는 한 인터뷰에서 당시를 회상하며 신경다발이 끊어졌다고 표현했는데, 발표 도중 내용을 잊어 머릿속이 하얘지는 것을 경험한 사람들이라면 누구나 공감할 만한, 아주 적절한 표현인 듯하다. P-type뿐 아니라 많은 참가자들이 가사 실수로 다음 단계로 가지 못하고 탈락의 고배를 마셨다.

앞서 언급했듯이 순간적으로 가사가 떠오르지 않는 순간은 집중이 분산된 경우가 많다. 집중력이 부족하거나 산만하다는 뜻이 아니다. 무대에 올라 청중들의 작은 표정, 움직임 등에 의미를 부여하며 자신의 노래보다 그들의 반응에 집중이 분산되면 가사를 잊게 된다.

힙합 오디션 프로에서도 마찬가지다. 여러 명의 심사위원들의 표정과 반응을 보며 노래나 랩을 하는 상황이나 긴장 속에 앞의 라이벌이나 경쟁자들과 랩을 주고받는 상황은 쉽게 외부로 집중이 분산될 수 있는 상황이다. 냉철한 표정의 심사위원을 보는 순간 머릿속에는 자신에 대해 부정적인 평가를 할 것이라는 생각과 함께 그의 표정, 몸짓, 작은 움직임이 슬로 비디오처럼 눈에 들어오기 시작한다. 단둘이 랩 배틀을 하는 순간, 바로 앞에서 야유하는 표정과 공격적인 리액션에 시선과 집중을 빼앗기는 그 순간 머릿속이 하얘지며 더 이상 가사를 이어갈 수가 없다.

비단 오디션 참가자들만의 특수한 이야기는 아니다. 이미 데뷔를 한 실력파 가수들도 가사를 잊는 일에서 자유로울 수 없다. 실력파 가수들의 무대 경연이었던 〈나는 가수다〉라는 프로그램은 극심한 긴장과 경쟁으로 인해 가사 실수를 하는 가수들이 자주 나왔다. 이런 경쟁 프로그램이 아니더라도 유튜브를 찾아보면 가사를 잊은 베테랑 가수들의 실수 영상만을 편집한 동영상을 어렵지 않게 찾을 수 있다.

우리의 삶에서도 오디션과 같은 긴장된 무대에서 일어나는 일들을 접하게 된다. 오디션과 마찬가지로 떨리는 발표, 면접의 순간에는 청중의 평가에 대해 극도로 예민해질 수밖에 없고, 긴장은 극대화되어 일시적 망각 현상이 자주 생긴다. 한 가지에 집중해야 할 에너지가 타인의 시선에 대한 과도한 걱정으로 분산될수록 일시적 망각이 생길 확률이 높아지는 것이다. 큰 무대의 경험이 많은 가수들도, 힙합 스웨그(swag)를 강조하는 래퍼들도, 발표의 자신감이 없는 여러분도 모두 가사를 잊을 수 있다. 자신의 머릿속에서 집중을 놓치고, 외부적 상황에 민감해질수록 망각의 순간은 더 빨리 찾아온다.

스포츠 선수의 무대공포증

2004년 아테네 올림픽 사격 남자 50m 소총 3자세 결승전. 매슈 에먼스(미국)의 금메달을 의심하는 사람은 아무도 없었다. 9발째까지 2위인 중국 선수에게 3.0점이나 앞서 있었다. 마지막 10발째 총성이 울렸을 때 모든 사람은 깜작 놀랐다. 에먼스의 점수가 0점으로 나왔기 때문이다. 너무 긴장한 나머지 자기 표적이 아닌, 옆 선수의 표적에 총을 쐈던 것이다.

올림픽 결승전이라는 무대에서 긴장과 스트레스를 극복하지 못한 예다. 이뿐만 아니라 연습 때는 늘 타율이 좋지만, 중요한 순간에서 긴장하면 어깨에 힘이 들어가 삼진 아웃을 당하는 야구 선수 A씨. 그 원인도 무대공포증이다.

이처럼 무대공포증은 직장인들의 발표나 음악인들이 연주를 할 때만 해당되는 것이 아니다. 스포츠에도 존재한다. 큰 경기만 되면 약해지는 선수들, 또는 실전에서 제 기량을 내지 못하는 선수들도 무대공포증이 원인인 경우가 많다. 수없이 연습을 하고 실력을 쌓지만, 실전 경기의 부담감과 실수를 두려워하는 자신의 마음을 뛰어넘지 못하면 제 실력을 발휘하기 어렵다. 1등만을 기억하는 대중들도 가혹하지만, 그에 앞서 이번 경기에서 자신의 최고 기량을 선보이고 싶은 욕심도 한몫을 한다. 프로들의 스포츠 경기뿐 아니라 일반인들이 취미로 즐기는 골프에서도 이러한 무대공포증은 언제나 존재한다.

골프는 심리적인 요소가 많이 포함되는 대표적인 운동이다. '세상에는 마음대로 할 수 없는 게 자식과 골프 두 가지'라는 우스갯소리가 있을 정도로 골프는 멘털 관리가 중요하다. 연습장에서는 잘하다가도 필드에 나가면 자세가 흐트러질 수 있고, 생각이 많아지면 무너져 내린다.

다음 홀은 파3라는 이야기를 듣는 순간 수많은 생각이 머릿속을 스쳐 지나간다. 이번에는 잘 쳐서 스코어를 줄여보겠다는 생각, 동료들에게 실력을 보여주겠다는 생각 등. 특히나 주변에 지켜보는 사람들이 많으면 부담감은 더욱 커지고 엉뚱한 방향으로 공이 날아가 버린 경험은 누구나 있을 것이다.

어쩌면 쉬워 보이는 파3에서 생기는 부담과 욕심은 무대공포를 발생시키고 제 실력을 발휘하지 못하게 한다. 평생 무대공포증으로 고민한 쇼팽도 무대공포증은 자신이 할 수 있는 것보다 더 잘하려는 욕심 때문이라고 하였다.

필자는 골프 전문가도 아니고, 잘 치지도 못하는 사람이다. 하지만 무대공포증의 측면에서 바라보면 자신의 실력의 80퍼센트 정도를 목표로 하면 오히려 더 좋은 결과가 나오는 것 같다. 파3의 경우 130m가 목표라면 150m 보낼 수 있는 채로 80퍼센트만 보낸다는 생각으로 힘을 빼고 휘두르면 오히려 좋은 결과를 얻을 수도 있다. 모든 무대공포증의 원리는 동일하다. 연습 때는 열심히 실력을 키우고, 실전에서는 제 실력의 80퍼센트 정도 발휘한다는 생각으로 무대에 오르면 오히려 결과는 좋을 것이다.

이처럼 무대공포증은 우리가 인식하지 못할 뿐, 여러 방면에서 우리의 삶과 함께하고 있다. 다시 말하지만, 무대란 꼭 청중들 앞에서 마이크를 잡는 발표나 어떤 거창한 연주회의 무대뿐 아니라, 어떤 목표를 가진 수행을 할 때의 상황을 가리키는 개념으로 봐야 한다. 발표를 하든, 연주를 하든, 연기를 하든, 스포츠를 하든 말이다. 그것을 즐기고 실력의 최대치를 발휘하기 위해서는 무대공포증을 극복해야 한다.

8

윤닥의 발표불안 극복
5주 프로그램

발표불안·무대공포증이라는 같은 고민을 가진 사람들이 모여 함께 공부하고 극복할 수 있는 교육 프로그램이다. 과학적인 인지행동기법과 수용전념치료 기법을 기반으로 개발되었고, 많은 사람이 도움을 받았다는 기분 좋은 피드백이 있다. 더 많은 분들에게 도움이 되면 좋겠지만, 소수정예로 한 그룹을 구성하여 교육과 실습을 진행하기 때문에 한계가 있는 것도 사실이다. 이번 장에서는 이 프로그램을 간단히 소개하여 직접 참석하지 못하는 분들도 참고해서 발표불안을 극복할 수 있도록 돕고자 한다.

1주차
누구나 약점은 있다

첫 시간이면 수강생들은 긴장된 마음으로 쭈뼛쭈뼛 강의실로 들어온다. 진짜 단기간에 발표불안을 극복할 수 있을까 하는 합리적인 의구심과 걱정 어린 시선들이다.

1주차에 수강생들이 모이면, 다들 말은 하지 않지만 속으로 놀란다.

'저 사람은 여기 왜 왔지?'

'말도 잘하고 전혀 불안해 보이지 않는데….'

'내가 제일 못할 거야.'

발표불안 극복을 목표로 이 수업을 수강하신 분들의 공통된 특징이 또 하나 있다. 발표할 때 자신에게는 치명적인 약점이 있다고 생각하고, 이를 청중에게 들킬까봐 두려워한다.

'나는 발음이 정확하지 못하다.'

'발표만 하면 호흡이 가빠져 숨이 차다.'

'사람들 앞에 서면 손발이 떨린다.'

자신의 치명적인(?) 약점을 숨기려 노력하다보니 주목받는 순간은 더욱 불안하고 초조하다.

이미 자신의 약점에 압도되어 다른 어떤 발표의 목적이나 자신의 장점은 전혀 바라볼 여유가 없다. 그저 지금 발표만 빨리 마무리 짓고 끝나기만을 간절히 바란다.

누구나 약점은 있다. 우리가 잘 알고 있는 달변가들도 완벽하지 않다. 마이크만 잡으면 청중을 사로잡는 유재석 씨도 아나운서만큼 발음이 좋은 편은 아닌 듯하다. 또한 해박한 지식과 논리로 사회현상을 해석해주는 유시민 씨도 유머감각은 그리 뛰어난 편은 아닌 듯하다. 그의 아재 개그가 귀여울 때도 있지만, 배꼽 잡는 웃음을 선사할 만큼의 끼가 있는 것 같지는 않다. 하지만 그들의 이야기를 들을 때 이러한 단점 때문에 아쉽다고 생각한 적은 단 한 번도 없는 듯하다. 청중 대부분은 그들의 이야기에 빠져들고 귀를 기울이고 반응한다.

마찬가지로 누구나 장점이 있다. 하지만 여러분은 수많은 자신의 장점보다 단점만을 생각하며 들킬까봐 불안에 떤다. 물론 자신의 단점을 누군가에게 터놓고 이야기하는 것은 쉽지 않다. 어쩌면 수치스럽기까지 하다. 굳이 단점을 공개적으로 모두에게 공개할 필요는 없지만, 숨기려고 할수록 해결하기 어렵다. 하지만 같은 고민을 가진 사람들과 함께라면 이야기는 달라진다. 정말 친한 친구, 심지어 가족에게도 고백하지 못했던 이야기들을 터놓을 수 있다는 점은 큰 장점이다. 특히나 자신만이 느끼고 있다고 생각했던 발표불안이 나만의 고민이 아니라는 사실에서 많은 위안을 받을 수 있다.

1주차 프로그램에서 어쩌면 가장 의미 있는 순간은 비슷한 고민을 가진 사람들이 모여 터놓고 이를 공유하는 시간일 것이다. 자신과 비슷한 고민을 가진 사람들과 고민을 공유하고 함께 생각과 감정을 찾아가는 과정만으로도 힐링이 되고 꽤나 재미있었다는 평가가 많다. 마치 어두운 바다에서 진로를 알려주는 등대와 같은 작은 배들이 함께 있다는 것을 확인하는 것만으로도 출발은 괜찮은 편이다.

1주차에서는 자신의 고민을 공유하는 것뿐만 아니라, 무대공포증에 대한 과학적인 심리교육이 이루어진다. 인지행동기법에서도 심리교육은 매우 중요한 부분을 담당한다. 적을 알아야 백전백승인 것처럼 무대공포증의 증상과 발생 원리 등에 대해서 정확히 배우고 나면 앞으로 어떤 계획을 설정해야 할지 알 수 있게 된다.

보통 발표불안을 가지고 있는 사람의 목표는 주관적이고 높은 편에 속한다. 혹자는 "그냥 발표를 잘하고 싶다는 꿈을 꾸는 것도 기대가 큰 건가요"라며 목표가 높다는 말에 동의하지 않을 수 있겠지만, 속을 들여다보면 그렇다. 자신의 약점과 높은 목표 사이의 괴리감에 압도되어 노력해도 되지 않는다는 생각에 심지어 무력감이나 우울감까지 느끼게 된다. 그러므로 심리교육 후에는 개별적으로 자신의 목표를 설정하게 된다.

여러분의 첫 목표는 유재석 씨처럼 위트 있고 손석희 씨처럼 논리적으로 이야기하는 것이 아니라, 불안을 극복하고 실수를 하더라도 피하지 않고 끝까지 해내는 것으로 잡아야 한다. 그렇게 단계별로 목표를 달성해서 긍정적 경험을 반복해야 자신감이 높아지고 불안도 점점 조절될 것이다. 이런 식으로 한 계단씩 올라갈 때 떨리는 긴장의 에너지가 발표 능력으로 조금씩 바뀌는 것을 느끼게 될 것이다. 매주 달성하고 싶은 목표를 정해보고, 5주 후 이루고 싶은 최종 목표를 기록해 공유해보자. 단, 그때마다 목표는 구체적이고 현실적이어야 한다. 예를 들어 '떨지 않고 발표 잘하기' '실수하지 않기' '발표 잘하기'처럼 불가능하거나 추상적인 목표를 정할 경우 얼마만큼 달성했는지 알기 어렵다. 목표가 비현실적이고 주관적이면 아무리 발표를 잘해내더라도 성취감을 느끼거나 긍정적인 경험을 하기 힘들기 때문이다.

2주차
발표불안의 원인을 찾아라

많은 수강생이 어떻게 발표불안을 극복하는지, 좀 더 빠른 시간 내에 효과를 볼 수 있는 방법은 없는지를 묻는다. 물론 프로그램의 목표가 그것임에는 분명하다. 하지만 그 이전에 필요한 질문이 한 가지 더 있다. 자신이 '왜 불안한지'에 대한 질문이다. 'how' 이전에 'why'를 먼저 파악해야 한다.

자신이 왜 불안을 느끼게 되었고 언제부터 피하게 되었는지 정확히 인지하지 못하는 경우가 많다. 이 책을 읽는 여러분도 마찬가지일 것이다. 여러분은 자신을 괴롭히는 발표불안의 원인에 대해 생각해본 적이 있는가?

스피치 학원에서는 반복과 숙달을 통해 발표에 자신감을 찾는 과정에 도달한다고 한다. 발성과 기교, 전달력 등의 연습은 분명 중요하다. 하지만 모든 사람에게 효과적인 것은 아니다. 발표불안의 해결 없는 반복적인 연습은 오히려 역효과를 가져올 수 있다. 최면을 통해 나쁜 기억을 지운다거나 지하철의 많은 사람들 앞에서 큰 소리로 외치는 것들은 말할 것도 없다. 물에 대한 두려움 때문에 제대로 수영을 배우지도 못한 사람들을 바닷물에 뛰어들게 하면 어떻게 되겠는가. 그중 극소수는 헤엄을 치기 시작할 수도 있다. 하지만 그것이 일반적인 경우는 아닐 것이다. 다시 말하지만 발표의 기교나 테크닉에 대해 배울 필요가 없다는 말이 아니다. 그러나 발표불안을 해결하기 위해서는 각자 자신만의 발표불안의 원인을 찾는 게 우선되어야 한다. 발성과 발음, 자세와 기교 등은 그 다음이다.

첫 주에 불안에 대한 심리교육을 받고 자신을 분석해보는 시간을 갖고, 그다음 1주일간 자신의 발표불안의 원인에 대해 곰곰이 생각해보는 시간을 가진다.

물론 정답은 없다. 자신의 발표불안의 원인에 대해 곰곰이 생각해보고 다른 사람들의 발표를 듣다보면 나의 모습을 그들에게서 발견하는 순간이 온다. 필자와 함께 원인에 대해 이야기해보면서 서로 피드백을 주고받는 도중에 뭔가를 찾기도 하고, 서로에게서 배우기도 한다. 발표공동체에서 서로 발표를 하며 다른 사람의 이야기를 경청하기만 해도 어느 순간 자신을 객관적으로 바라볼 수 있는 메타인지(metacognition)의 경지에 도달하는 경우도 있다.

빙산의 일각이라는 말이 있다. 물 위에 드러난 부분보다 감춰진 밑동이 몇 배는 크고 깊다. 불안의 모습도 이와 비슷하다. 겉으로 드러난 증상만 해결하려고 드러난 빙산을 아무리 잘라내도, 수면 아래에 숨겨진 빙산은 다시 떠오른다. 근본 원인을 찾아 해결하지 않으면 재발이 쉬운 이유도 이와 같다.

2주차에 자신이 발견한 원인이 절대적이고 근본적인 것이라고 할 수는 없지만, 겉으로 드러난 빙산에서 벗어나 시야를 물밑으로 돌려보는 것만으로도 아주 의미 있는 작업이 된다.

3주차에는 자신이 발견한 원인보다 좀 더 근원으로 들어가서 자신의 '생각'을 파악해보는데, 2주차의 과정을 거쳐 단계적으로 진입하는 게 중요하다. 더욱 의미가 있는 작업은 자신에 대한 고찰을 바탕으로 직접 발표를 함으로써 개인별 피드백을 받는 경험을 할 수 있다는 것이다.

기억하라, how도 필요하지만 why가 더 먼저라는 사실을.

3주차
성공한 발표와 실패한 발표를 찾아라

"저는 발표에 성공해본 적이 없어요."

3주차에서는 자신의 '성공한 발표'와 '실패한 발표'에 대해 생각해보는 시간을 갖는다. 하지만 발표불안으로 고민하는 많은 사람은 자신의 실패한 발표에 대해서는 많은 데이터를 가지고 있지만, 성공한 발표는 찾기 어려워한다. 아니, 좀 더 정확하게 이야기하면 성공한 발표는 없다고 생각한다. 사실 발표에 대해 성공과 실패 등 이분법적으로 나누는 것 자체가 흑백논리의 오류일지도 모르지만, 이렇게 극단적으로 나눠보면 자신에 대해 조금 더 명확히 알 수 있다.

한 가지 신기한 점은 많은 사람이 성공한 발표의 예로 2주차 프로그램에서 했던 자신의 발표를 꼽는다는 것이다. 물론 다른 잘한 발표가 기억나지 않아서 그럴 수도 있겠지만 자신의 변화에 대해 체감하고 있다는 뜻이기도 하다. 격렬하게 피하고 싶던 발표에서 긍정적인 경험을 했다는 것은 변화의 시작을 알리는 신호탄이다.

각자 나름의 이유로 자신의 성공과 실패에 대해 생각해보고, 서로 논의한다. 이런 과정을 통해 서로가 조금씩 발전하는 모습을 보며 긍정적인 에너지를 주고 받는 듯하다. 실패의 원인으로 부담감, 잘하려는 욕심, 평가에 대한 두려움, 준비 부족 등 다양한 항목이 나온다. 그들의 이야기를 듣고 있으면 점점 자신의 불안의 원인에 근접해가는 것을 알 수 있다. 또한 구성원들의 발표를 들으며 다른 사람들과 자신의 생각의 차이와 공통점을 함께 생각해보는 시간을 가질 수도 있다. 잘해낸 발표를 경험했던 상황과 반대의 예를 고찰해보면 분명한 차이를 알게 된다. 성적이 좋았던 시험의 준비 과정과 그렇지 않았던 과정을 비교해보면 어떤 차이로 결과가 달라지는지 명확히 알 수 있고, 앞으로 어떻게 해야 할지 계획을 세울 수 있는 것과 같은 원리다. 결국 이 과정을 통해 자신이 진정 두려워하는 것은 무대 그 자체가 아니라 자신의 '생각'임을 깨닫고자 하는 것이다.

그 다음 해야 할 일은 '내 마음의 오답노트'를 만드는 것이다. 학창 시절 오답노트의 도움을 참 많이 받았다. 모의고사를 친 다음 날은 과목마다 오답노트를 만드느라 많은 시간을 투자했었다. 시간이 많이 걸리는 이 작업을 하는 이유는 명확했다. 우리는 같은 유형의 문제를 계속 틀린다. 오답노트를 만들어도 또 틀린다. 오답노트를 읽다보면 같은 내용, 비슷한 문제들이 반복해서 적혀 있다. 오답노트가 한 권이 다 되어갈 때쯤, 반복해서 틀리는 문제들이 조금은 줄어들게 된다. 계속 틀리는 일이 반복되는 이유는 문제를 풀고 해결하는 틀이 잘못된 방식(오답)으로 굳어졌기 때문이다. 이처럼 우리의 뇌는 같은 실수를 반복한다.

발표불안도 마찬가지다. 사람마다 경험이나 교육 등으로 형성된 스키마(세상을 바라보는 틀)로 인해서 같은 패턴의 생각이 반복적으로 이루어진다. 자신의 생각이 비합리적이고 잘못되었다고 인지할지라도 순간적으로는 자신도 모르게 그렇게 생각하고 불안 등의 부정적인 감정을 느낀다. 즉, 발표 순간에 떠오르는 자신의 왜곡된 생각 때문에 불안, 두려움의 감정이 계속 발생하는데, 그걸 바꾸는 것이 쉽지는 않다. 여러분이 부족해서가 아니라, 우리의 뇌가 그렇게 빠르게 변하지 못하는 것이다. 수없이 생각 바꾸기를 하고 긍정적인 경험을 해야 하는데, 가장 빠른 방법은 오답노트를 만드는 것 같다. 이와 유사하게 인지행동기법에서는 대처카드를 사용하여 치료 시간에 배운 내용들을 연습하도록 돕는다. 색인카드(3x5인치) 혹은 그보다 작은 크기의 카드(명함 크기)에 중요한 사건이나 상황에 대처하기 위한 지시 사항을 기록한다. 대처카드를 활용할 때 몇 가지 주의할 사항이 있는데, 역시 오답노트에도 공통적으로 적용되는 내용이다.

1. 너무 조급하게 많은 것을 하려고 하지 마라.
2. 할 수 있는 과제부터 시작하는 것이 좋다.
3. 실제로 성공할 가능성이 높은 전략들을 제안한다.
4. 실생활에서 대처카드를 자주 활용하도록 권한다.

사실 대처카드의 방식을 착안하여 만든 것이 '내 마음의 오답노트'

다. 만드는 방법은 다음과 같다.

　[내 마음의 오답노트 만들기]

　1. 생각의 오류가 반복되는 자동적인 사고를 찾는다.

　예) '나는 발표를 잘 못해서 사람들이 싫어할 것이다.'

　2. 자동적인 사고에 대해 합리적인 생각으로 바꾼다.

　예) '발표를 잘하지 못한다고 사람들이 싫어한다는 근거는 없다.'

　'오히려 몇 명의 사람들은 내 발표를 듣고 호응해주고 호감을 보이고 있다는 근거가 있다.'

　3. 자신의 장점과 관련된 '필승의 전략'을 찾아본다.

　나는 유머 감각이 좋은 편이기 때문에 웃음으로 초반에 청중의 분위기를 좋게 만들면 나에게 더 호감을 가질 것이다.

　자신의 반복된 생각의 오류를 찾고, 자신의 장점과 관련된 구체적인 전략을 세우는 일이 쉽지는 않을 것이다. 하지만 이렇게 완성된 감정의 오답노트를 발표 전 계속 읽어보고 무대에 오르면 불안을 조금 더 쉽게 조절하는 데 도움이 될 것이다.

4주차
발표불안의 다섯 단계

    그동안 개인별 발표불안의 원인에 대해 충분히 파악하고 생각을 바꾸는 과정을 경험했다면, 이제 '발표불안의 다섯 단계'에 그래프를 그려보고, 개인별로 자신은 어느 단계에 문제가 있으며 해결책은 무엇인지 파악해보는 시간이다. 발표불안의 단계를 파악하기 위해서, 발표를 시작하는 최초의 순간으로 돌아가보자.

    "다음 시간에는 누가 '발표' 해보겠나?"

    교실의 수많은 눈동자는 모두 교수님의 눈을 피해 책상으로 바짝 엎드린다. 발표를 피하고 싶다는 마음이 조금씩 생긴다. 아니 격렬하게 피하고 싶다. 이 위기를 넘길 수 있다면 죽는 시늉이라도 할 수 있을 것 같다. 그래, 이때부터였다. 교수님의 한마디와 동시에 학생들의 '발표불안 0단계'가 시작되었다. 누구나 이 단계의 불안은 어느 정도 가지고 있지만, 스쳐 지나가기 때문에 심각하게 고민해보지 못했을 것이다. 발표불안에 대해 고민하고 있는 사람들도 이미 그때부터 0단계가 시작되었다는 것을 알지 못하는 경우가 많다. 많이들 오해하는데, 발표불안의 5단계가 아니라 다섯 단계다. (0단계부터 4단계까지 다섯 단계)

아직 발표자가 정해지지 않은 상황에서도 혹시 자신이 발표를 맡게 될까봐 가슴이 두근거리고 불안감이 밀려온다. 발표를 수동적으로 피하는 불안 상태가 0단계에 속한다.

"이번 발표는 A군이 해보도록 하지." 교수님의 지목에 A군은 벌써부터 얼굴이 화끈거리고 머릿속이 하얘진다. 초등학교 때 책을 읽다가 친구들 앞에서 놀림 당한 이후로 발표는 생각해본 적도 없었다.

발표불안의 1단계는 자신의 발표가 확정되는 순간부터 시작된다. 발표 준비 도중에도 무대에 대한 예기 불안은 점점 커진다. 발표 내용은 머릿속에 들어오지 않고 친구들의 혹평에 대한 걱정이 우선이다.

네이버 지식인에 도움을 청해도 자신감을 가져라, 긍정적으로 생각해라 하는 원론적인 이야기와 심리 상담 관련 광고뿐이다. 심지어 지하철에서 큰 소리로 발표 연습을 하는 아저씨들의 영상도 보인다.

가슴이 답답하고 막막해 오히려 일부러라도 다른 생각이나 일로 관심을 돌려보면 잠시 동안은 편하다. 그러다 아예 의도적으로 생각하지 않고 발표 준비에 몰입하려 노력해본다. 그래도 불안감을 다 떨쳐버리기엔 무리다.

무대의 시계는 여전히 잘 가기만 한다. 내일이 발표 날이다. 발표 준비를 마무리하고 침대에 누웠지만 '발표 내용을 잊으면 어쩌지?' '잘할 수 있을까?' '목소리가 떠는 걸 다른 사람들이 알면 어쩌지.' '마이크를 쥐고 있는 손이 덜덜 떨리면 어쩌지?' 하는 많은 생각으로 쉽게 잠을 이룰 수가 없다. 꿈에서 이미 수없이 발표를 한 것 같은데, 눈을 떠보니 현실은 아직 발표 전이다.

발표 1시간 전이다. 강의실에 들어서니 실감 난다. 파워포인트를 몇 번이고 확인해보아도 긴장이 된다. 내용을 잊은 것 같아 대본을 보고 다시 외워보지만 불안한 마음이 계속된다. 여태껏 눌러온 불안이 터졌는지 가슴이 쿵쾅대고 손발이 떨리기 시작한다. 극도로 불안하다. 모두 포기하고 싶다. 심장은 빨리 뛰고 팔다리는 굳어져서 무대로 걸어갈 수 없을 것만 같다.

2단계는 무대에 오르기 직전이다. 불안이 최고조에 달한다.
이제 내 차례다. 앞으로 나가며 머릿속에는 수만 가지 생각이 든다. 입술과 손이 떨리고, 안 떨려고 힘을 줘봐도 이미 내가 통제할 수 있는 수준이 아니다.

하지만 이미 발표는 시작되었고, 이미 3단계에 진입했다.
핸드폰을 만지작거리는 친구들, 무표정한 교수님, 다들 내 발표에 관심이 없는 것 같다. 내가 긴장하고 떨고 있는 것을 숨기려 해도 이미 다들 알고 있는 눈치다. 쥐구멍에라도 숨고 싶은 생각과, 빨리 마쳐야 하겠다는 딱 두 가지 생각뿐이다.

"이상으로 발표를 마치겠습니다."

도대체 내가 무슨 말을 하고 내려온 건지 전혀 기억나지 않는다. 준비한 내용보다 많은 부분을 생략하고, 랩 경연대회의 우승자보다 빠른 속도로 말하며 발표를 일찍 끝내고 무대에서 내려온다. 끝났다는 해방감 대신 머릿속에는 아까 하품하던 친구의 지겨워하는 얼굴과 긴장으로 실수한 장면만 무한 반복된다.

4단계에서는 발표가 끝난 후에도 후회, 죄책감, 잔여 불안감이 지속된다. 주변에서 좋은 발표였다고 칭찬해주어도 예의상 하는 말이라고 생각되고, 받아들여지지가 않는다. 남들의 좋지 않은 평가를 생각하니 우울함과 무력감을 느껴 아무것도 하고 싶지가 않다.

더욱 심한 경우에는 '다시는 발표를 하지 말아야지' 하는 발표의 잠정 은퇴를 선언하기도 한다.

자, 당신의 발표불안은 어느 단계에 속하는가?

우리는 A군의 예를 통해 발표 상황의 불안을 느끼는 총 다섯 단계에 대해 알아보았다. 정리해보면 다음과 같다

0단계-발표 회피: 누구나 마음속에는 발표를 회피하고 싶은 마음이 있다. 좀 더 두려움이 큰 사람들은 의식적이든 무의식적이든 발표를 피하려고 한다. 하지만 누구나 어느 정도는 불안을 가지고 있으며, 정상적 반응이라는 것을 알아야 한다. 피하지 않고 적극적으로 작은 발표부터 시도하는 자세가 필요하다. 발표가 평가의 시험대라는 생

각보다는 성장할 수 있는 기회로 받아들여야 한다.

1단계-발표 예기 불안: 발표를 해야 한다고 인지하게 된 순간부터 시작된다. 서서히 불안한 마음이 고개를 든다. 뇌에서는 아드레날린 소포가 터지기 시작하고, 의욕과 불안이 동시에 생기게 된다. 이때 해야 할 일과 할 수 있는 일은 '발표 준비'뿐이다. 불안을 억지로 느끼지 않으려 해도 문제다. 발표 전에 적절한 불안을 미리 느껴야 한다. 적당한 불안은 의욕과 능률을 증가시켜 발표 준비를 도와줄 것이다. 오히려 지금 불안을 느끼려 하지 않는다면 발표 시작과 동시에 불안감이 밀려올 수도 있다.

2단계-발표 직전의 공포감: 드디어 떨리는 신체 증상이 동반된다. 아드레날린이 신경을 통해 온몸의 세포로 전달되고 있다. 의학 용어로 교감신경이 활성화되고 있는 것이다. 정상적인 반응이라는 것을 인정하고 자신의 떨리는 신체적 반응을 정확히 해석하자. 정상적인 떨림을 왜곡하여 해석하면 긴장과 불안이 더욱 심해질 수 있다. 오히려 발표 직전에 떨지 않으려 노력할수록 발표가 시작되면 더욱 떨릴 수도 있다. 지금 떨리는 걸 좋은 신호라고 생각해라. 억지로 멈추려고 하면 더 심해진다.

3단계-발표 중 불안: 발표를 시작하고 시간이 지날수록 불안은 점차 감소하는 경향이 있다. 이 단계에서 해야 할 일은 발표에 몰입하는 것이다. 초반에 청중의 반응이 좋다면 도파민이 펑펑 터져 더욱 발표에 몰입할 수 있다. 하지만 청중의 반응이나 떨리는 신체적 증상에 주의를 빼앗길 경우 발표 내용을 잊어버리는 참사가 발생하기도 한다. 래퍼들이 가사를 잊어버리듯이 말이다. 이 시기에는 청중의 반응을 마음대로 해석하는 생각의 오류(독심술의 오류)를 주의하라. 너무 떨린다면 초반에는 발표자에게 호의적인 청중을 먼저 보며 시작해보자.

4단계-발표 후의 죄책감: 발표가 무사히 끝나면 뇌 속에서 세로토닌이 터지며 안도와 행복감의 축배를 들어야 하지만, 아드레날린이 계속 분비되어 잔여 불안감, 죄책감 등의 찝찝한 감정이 지속되며 우울감을 느끼기도 한다.

이 단계의 사람들은 자신에 대해 가혹한 잣대로 평가한다. 남들이 보기에 훌륭한 발표일지라도 작은 실수에 집착해 후회와 죄책감을 느낀다. 긍정적인 평가를 받더라도 그것을 절대 믿지 못한다. 기억 속의 자신의 발표는 실수와 아쉬운 부분만이 크게 자리 잡고 있기 때문이다. '긍정적인 것 인정하지 않기'의 오류를 주의하라. 이 단계로 고통받는 사람들에게 필요한 것은 합리적인 생각 바꾸기와 정확한 비디오 피드백(video feedback)이다. 자신의 영상을 함께 보고 동료들과 이야기를 나누다보면 새로운 장점을 찾기도 하고, 단점은 교정할 수 있을 것이다.

5주차
발표의 떨림을 설렘으로 바꾸자

여러분은 어떨 때 설렘을 느끼는가? 좋아하는 이성과 데이트하러 가기 전날 느끼는 벅차오르는 감정, 눈에 넣어도 아프지 않을 아기의 첫 걸음마를 보거나 처음 말하는 것을 들을 때, 또는 정말 갖고 싶었던 물건을 택배 아저씨에게 건네받아 박스를 뜯는 순간. 이 모든 순간은 여러분에게 짜릿하고 유쾌한 기분을 느끼게 해주는 '설렘'의 순간일 것이다.

이 순간의 느낌을 조금 더 자세히 들여다보자. 가슴이 두근거리고, 숨이 가쁘고, 손끝이 찌릿찌릿하다. 이는 여러분에게 낯설지 않은 반응일 것이다. 그렇다. 바로 여러분이 무대에서 느끼는 불안의 신체 증상과 동일하다. 같은 신체적 반응이지만 '설렘'과 '떨림'의 주관적인 느낌은 확연히 다르다. 왜 그럴까?

무대에서 느끼는 신체적 반응은 불쾌하고, 피하고 싶은 감정이다. 하지만 설렘의 순간은 유쾌하고, 잊을 수 없는 소중한 순간이다. 같은 반응이라도 그것을 어떻게 바라보는지, 해석하는지에 따라서 느끼는 '감정'이 달라진다.

발표를 위해 사람들 앞에서 느끼는 '떨림'도 어떻게 해석하는지에 따라 충분히 '설렘'으로 변할 수 있다. 하지만 여기에 대해 의구심을 갖는 분들이 아직 많은 것 같다. 우리 수업을 들은 수강생분들도 마찬가지였다. 1주차 첫 시간에는 이런 이야기에 전적으로 동의하는 분이 그리 많지 않았다. 그분들에게는 불가능하다고 생각되는 이야기였기 때문이다. 그 떨림을 없애고 싶어 프로그램을 찾으신 분들이기 때문에 어찌 보면 그럴 수도 있다. 하지만 한 주 한 주 거듭될수록 발표의 재미를 느끼는 분들이 나오기 시작한다. 발표는 더 이상 하기 싫고 피하고 싶은 순간이 아니라 조금씩 설렘과 변화를 경험하게 해주는 기회로 느끼게 된 것이다.

마지막 주에는 작은 발표회를 가진다. 지인들을 초대하고, 다음 기수의 사람들이 오기도 한다. 많은 분들이 발표 환경에 익숙해져서 불안이 줄어든 것인지, 불안이 극복되고 있는 것인지 조금 헷갈리기 시작한다. 그래서 혹시 이 프로그램이 끝난 후에는 다시 예전으로 돌아가는 것이 아닌지 걱정을 하기도 한다. 어쩌면 너무도 당연한 합리적 의구심이다. 그래서 한 단계 더 도약하는 상황을 만들기 위해 자신이 도전하고 싶은 상황을 설정하고 더 많은 사람들 앞에서 발표하도록 한다. 늘 반복해서 강조하지만 한 단계 성장할 때 느끼는 불안은 자연스럽고 반드시 필요한 과정이다.

근육을 늘리기 위해 웨이트 트레이닝을 할 때 점차 바벨의 무게를 늘린다. 근육에 새로운 자극을 줘서 더 강하고 튼튼하게 만들기 위해서다. 같은 무게를 계속해서 들면 큰 발전이 없다. 불안 극복도 마찬가지로 단계별로 차근차근 올라간다. 하지만 다음 단계로 진입할 때 약간의 불안도 없으면 발전이 없다.

마지막 발표회까지 멋지게 성취해내면 분명 자신감은 충전될 것이다. 발표의 기술이 좋아진 게 아니라 불안을 다루는 방법을 익힌 것이다.

5주간의 프로그램을 마친 후 이별을 아쉬워하는 수강생들이 많다. 그동안 전우애를 느끼며 함께 노력하던 사람들을 이제 다시 볼 수 없기 때문이다. 필자 역시 그렇다. 항상 마지막은 아쉽다. 변화된 삶이 행복하고, 자신의 포기했던 꿈을 찾아줘서 고맙다는 이야기들을 들을 때면 가슴이 뭉클하고 이 일에 보람을 느낀다. 프로그램을 마치고도 혼자서도 인지교정을 계속적으로 연습해볼 수 있도록 클래스 101과 협업하여 인터넷 강의를 개설했다. 또한 이에 그치지 않고 우리는 현재 진행 중인, 그리고 이제까지 진행해왔던 많은 분들의 피드백을 받고 프로그램 이후에도 그 열기를 나눌 수 있는 방법을 계속 고민하고 연구 중이다.

더 이상 여러분에게 무대는 떨리고 불쾌한 장소가 아니라 기대와 설렘이 가득한 장소가 되었으면 한다.

교육 프로그램에 대해 궁금하다면 윤닥의 블로그를 방문해보자. (https://blog.naver.com/mindyoondak)

윤닥의 '발표 자신감 찾기' 7기 소감문 사례

5주간 수고 많으셨습니다.

그 동안의 과정을 떠올리시며 아래의 소감문 작성을 부탁드립니다.

1. 프로그램이 도움이 되셨나요?

그렇다면 구체적으로 몇 주차 어떤 부분이 가장 도움이 되었습니까?

네, 많은 도움이 되었습니다. 매회 강의가 다 도움이 되었지만, 그 중 3~4주차 나의 인지왜곡 부분을 얘기하고, 그것을 토대로 발표했던 것이 기억에 남습니다. 나의 발표에도 장점이 있구나 하는 생각을 갖게 되었고, 긍정적인 피드백이 자신감을 갖게 하였습니다. 비디오 피드백도 나를 객관적으로 평가할 수 있는 계기가 되었습니다.

2. 프로그램 수강 전과 비교하여 가장 달라진 점은 무엇입니까?

수강 전에는 '나는 특별하게 떨리는 사람이다. 다른 사람들이 떨린다고 하지만 내가 더 특별하게 떨리는 것이고, 남들은 나의 고통을 이해할 수 없다'는 생각이었습니다. 수강 이후에는 '누구나 다 떨리고, 떨리는 증상은 당연한 것이며, 분명 이 증상은 완화될 것이다'라는 사실을 인정하게 되었습니다. 그리고 발표 때마다 이런 생각을 하며 제 차례를 기다리게 되었습니다.

3. 아쉬운 점이나 보강이 필요한 부분은 무엇입니까?

발표가 5주라 아쉬웠습니다. 그렇지만 충분히 배울 수 있는 시간이었습니다.

4. 마지막 소감 부탁드립니다.

같은 고민을 가진 분들과 함께 서로 조금씩 나아지는 모습을 지켜보는 것만으로도 많은 위로가 되었습니다. 부족한 모습을 여실히 보여줄 수 있어서 후련했습니다. 오늘 수업을 마치고 사무실로 돌아오면서 많이 감사하다는 생각과, 내가 좀 더 자유로워지고 행복해졌구나 하는 생각이 들었습니다.

선생님, 너무 감사드리고, 저 또한 많은 사람들에게 선생님 강의를 알려드리겠습니다. 너무 고생하셨고, 항상 건강하시기 바랍니다.

배우 이종석 씨가 2016년 MBC 연기대상에서 대상을 차지했다. 하지만 그 날 수상식에 오른 그의 표정은 좋지 않았다. 조금은 멍한 표정, 갈 곳을 잃은 눈빛, 스크린에서 평소 자신감 넘치는 연기를 하던 '만찢남('만화를 찢고 나온 남자'라는 의미로, 미남을 의미)' 이종석 씨와는 조금 다른 모습이었다. 수상을 예상해서일까? 청심환을 두 개 먹고 왔다는 그는 약간 졸립다며 수상 소감을 짧게 마치고 내려가려다 사회자에게 붙잡혔다. 하지만 짧은 몇 마디 대답을 남긴 채 다시 도망치듯 내려갔다. 대중은 그의 성의 없는 수상 태도를 지적했다. 그날의 수상 소감은 인터넷상에서 팬들과 네티즌의 논쟁으로 번지며 '이종석 수상 소감'이 한동안 포털사이트 검색어 상위에 올랐다.

하지만 어쩌면 여러분 중 그의 마음을 이해하는 분들도 있을 것이다. 긴장과 불안으로 인해 무대에서 빨리 도망치고 싶은 마음 말이다. 규모가 큰 방송사의 시상식이 아니라도 우리가 일상생활에서 자주 겪었던 일이다.

너무 떨려서 준비한 내용을 대충 요약해서 발표하고 끝내거나 회의에서 자신의 차례에 화장실로 도망을 가거나 심지어 조별 발표에서 발표자가 되지 않기 위해 밤새 발표 자료를 만드는 일을 자원하는 것들도 모두 그의 수상 소감처럼 발표를 '회피'하는 일이다.

그리고 1년이 지났다. 필자는 이종석 씨의 팬은 아니었지만 2017년 연기대상 시즌이 되자 궁금하고 걱정이 되기도 하였다. 과연 올해는 이종석 씨가 수상식에 나타날까? 혹시라도 불안을 이기지 못하고 숨어버리지는 않을까? 하지만 그는 시상식에 등장했고, SBS 최우수 연기상을 수상했다. 궁금했다, 어떻게 이야기를 할지. 아니, 조마조마했다. 필자는 팬도 아니고, 그가 나온 드라마를 열심히 본 것도 아니었지만, 어느새 몰입하고 있었다. 이게 바로 직업병인가보다.

일단 다행이다. 그가 호명된 후 무대로 오르고 있다. 적어도 도망치거나 회피하지 않고 있으니 그것만으로도 잘했다. 도망치거나 회피하는 사람들도 많으니까.

역시나 긴장으로 인해 굳은 표정의 이종석 씨가 마이크를 잡고 첫마디를 내뱉었다. 지금 이 순간이 너무 긴장되고 떨리니 땀이 나거나 실수를 하더라도 이해해달라고 정중히 요청했다. 이후 2분여 동안의 길지도 짧지도 않은 수상 소감이었지만, 시간이 갈수록 안정되는 모습을 보였다. 더구나 긴장과 불안을 인정하고 시작한 이야기는 지난해의 수상 소감보다 담백하고 진솔하게 다가왔다.

그는 이전에는 수상 소감을 말할 때 늘 도망치듯 빨리 내려오느라 주변사람들에게 미처 감사의 말을 전하지 못했다고 고백했다. 마치 '발표불안' 때문에 빨리 끝내고 무대를 내려가는 데 모든 신경이 집중되어 있어 중요한 이야기를 빠뜨렸던 우리의 모습과 같았다.

긴장과 불안은 숨길수록 오히려 커진다. 하지만 자신의 떨리는 감정, 신체 증상 등을 솔직히 인정하고 오히려 남들에게 알리면 더 이상 숨길 필요가 없고, 실수하면 안 된다는 예기 불안이나 긴장이 줄어들게 된다. 이러한 기법을 심리학에서는 광고 기법이라고 한다.

이종석 씨가 누군가에게 조언을 받았는지, 우연히 하게 되었는지는 알 수 없지만, 그가 사용한 '광고 기법'은 수상 소감을 무사히 마치게 도와주었다. 광고 기법은 하나의 임시적인 기법일 뿐이지만, 같은 상황을 피하지 않고 정면으로 승부하는 그의 모습에 박수를 보내고 싶었다. 다시 부닥쳤던 그의 노력이 만들어낸 결과이기도 하다.

여러분도 할 수 있다. 불안이 차오르는 순간 광고 기법을 써보자.

부록

– 극복 사례 –

1. 난 환자가 아니에요
29세 남성 / 대기업 영업사원

　승환 씨의 사례는 성공 사례가 아니다. 오히려 실패한 사례다. 처음부터 실패한 사례를 소개하는 이유는 그로 인해서 필자가 병원 밖에서 무대공포증 극복 프로그램이라는 교육을 시작하게 되었기 때문이다.

　수년 전 병원에서 사회불안장애 집단 인지행동치료를 진행하고 있었다. 당시 승환 씨를 포함하여 6명이 지원하였다. 그중 승환 씨는 회복이 가장 기대되는 분이었다. 그는 발표불안 이외에는 사회생활에 큰 문제가 없었다. 다른 분들은 불안으로 직장생활을 포기할 정도였던 반면, 그는 대인관계도 좋을 뿐 아니라 직장에서도 인정받고 있었다. 하지만 입사 후 영업파트로 갑자기 부서가 변경되면서 발표 상황을 더 이상 피할 수 없었고, 도움을 받기 위해 사회불안장애 그룹치료에 참여하게 되었다. 모두 승환 씨의 극복이 가장 빠를 것이라 예상했다. 하지만 실제 결과는 보기 좋게 빗나갔다. 사회불안장애 그룹치료는 발표불안 외에도 전반적인 사회생활의 불안을 다루어야 했고, 승환 씨는 자신이 원하는 발표불안에 초점을 맞춘 치료를 받지 못했다. 그래서일까, 치료 중반부터 모습을 보이지 않았다. 어쩌면 그는 다른 환자들과 다르다고 느꼈는지도 모르겠다. 나머지 5명의 환자는 사회불안을 극복하고, 정도의 차이는 있었지만 효과를 확인했다. 그룹 전체로 보면 나쁘지 않은 결과였지만, 중도에 그만둔 승환 씨가 계속 떠올랐다. 그로 인해서 병원에서 이루어지는 치료 영역이 도달하지 못하는 부분이 존재함을 알게 되었다. 어쩌면 그 부분을 심리교육이 채워줄 수 있을지 모른다고 생각했다. 병원의 문턱을 넘지 못하는 준임상적인 영역에서, 정신의학이 필요한 분야를 위해 공부하고 연구하기로 결심했다.

아직도 마음속 한편에는 승환 씨에 대한 미안한 마음이 남아 있다. 지금 다시 만난다면 달랐을 텐데….

2. 배수의 진을 친 취준생
30세 여성 / 취준생

효선 씨는 고등학교 진학 이후 발표시간에 떨리는 목소리로 친구들에게 망신을 당한 이후 발표를 피하게 되었다. 내성적이고 완벽주의적인 성격의 그녀는 대학교 언어치료학과에 진학하였지만 실습, 회의, 발표 등의 상황이 너무 많아 힘들었고, 결국 자퇴하였다. 정신과 병원을 방문하여 인데놀을 처방받아 복용하였지만, 약에 심리적으로 의존하게 되었고 오히려 약이 없으면 더 불안한 상황이 되었다. 임용시험을 준비중인 효선 씨는 자신의 꿈을 위해 더 이상 발표를 피할 수 없었기에 필자를 찾아왔다.

효선 씨는 인지행동치료뿐만 아니라 많은 상담을 받아본 경험이 있었다. 심리에 대해 관심도 많았기 때문에 이론에 대해 이해가 빠른 편이었다. 무엇보다도 자신의 꿈을 위한 마지막 기회라고 생각했기에 과제와 수업도 열심히 했다.

당시 효선 씨는 개인 코칭을 진행했지만, 취직을 준비 중인 상황이었기 때문에 발표 연습을 하기에 어려움이 있었다. 그리고 그때는 그룹

실제로 진행한 개인 및 그룹 프로그램

회기	주제
1	자신의 상태 진단 및 계획
2	힘든 상황 확인하기: 우선순위 및 점수화
3	불안의 3요소 구분하기: 신체반응·사고·행동
4	자동사고 기록하기: 상황별 생각 및 자신에 대한 평가
5	소크라테스식 질문법: 인지왜곡의 점검 방법
6	인지 재구성 연습하기: 합리적 사고 대치
7	발표 상황 대처카드 작성하기
8–12	그룹 5주 프로그램

프로그램이 활성화되어 있지 않았기 때문에 고민을 하고 있었다. 하지만 그녀의 적극성이 발휘되었다. 인터넷에 발표불안의 고민을 가진 사람을 모집하는 글을 올려 4명의 동료를 모아 온 것이었다. 그런 그녀의 노력에 필자의 마음도 반응했다. 열정으로 그들을 교육하고 프로그램을 진행하였다.

4주차가 되면서 그녀가 필자에게 질문했다.

"다른 사람들도 저처럼 단기간에 이렇게 좋아지나요?"

그녀의 변화에 대한 의지와 열정이 해낸 것이다. 필자는 방법만 알려줬을 뿐이다.

3. 발표만 하면 땀으로 샤워를 하는 덜덜이
26세 남성 / 간호사

"제 손을 한번 만져 보시겠습니까?"

첫 수업 직전 찾아온 진형 씨의 손은 흥건히 젖어 있었다. 발표를 앞두고 긴장된 나머지 신체적 불안 증상이 극도로 치닫고 있었다. 그는 자신을 소개할 때 너무도 떨어서 '덜덜이'라고 했다. 그리고 첫 발표 시간에 단 한 번도 청중은 고사하고 정면을 쳐다보지도 못했다. 메모가 빼곡히 적힌 종이에 의지하여 자기소개를 해나갔고, 온몸은 땀으로 샤워한 듯했다. 진형 씨는 고등학교 때까지 100kg이 넘는 체중에, 얼굴에는 여드름이 많아 늘 위축되고 자존감이 낮았다고 했다. 그는 여러 사람의 시선이 주목되는 상황에서 부정적 평가가 예상되면 땀이 흐르고 호흡이 가빠지는 등의 신체적 증상들이 심해졌고 발표를 이어 나갈 수 없었다고 했다. 대학교 진학 이후 살도 빠지고 피부도 깔끔해졌지만, 여러 사람이 쳐다보는 상황에서 이야기를 해야 할 때면 예전의 고통스런 기억으로 인해 유쾌하지 못했다.

그의 발표불안 원인은 타인의 평가에 대한 부정적 인지 왜곡과 자신의 신체 증상을 파국적으로 해석하는 데서 기인했다. 피드백을 통한 발표 연습과, 불안과 정면 승부를 펼친 끝에 인지적 왜곡을 깨닫고, 자신의 불안을 조금씩 조절해나갔다. 시간이 흐를수록 점점 발표의 재미를 느끼게 되었고, 4주차부터는 더 이상 그에게 대본은 필요하지 않았다. 마지막 5주차에는 여러 사람과 시선을 맞추며 발표를 해냈고, 더 이상 땀에 흠뻑 젖지 않았다.

진형 씨처럼 호흡이 가쁘거나 손에 땀이 나는 신체 증상에 대한 과도한 걱정으로 불안의 악순환이 반복되고 있는 분들이 많다. 하지만 그 악순환의 고리를 끊고, 객관적으로 자신의 생각과 신체 증상을 해석할 때 더 이상 불안은 발표를 방해하는 적군이 아니다.

4. 술김에 수락한 동창회장 직이 인생을 바꾸다

55세 남성 / 자영업

　사실 직장인들은 발표를 피할 수 없는 경우가 많다. 특히나 승진을 하거나 선배가 될수록 회의나 발표를 해야 할 상황들은 곳곳에 있다. 하지만 이런 면에서 자영업자들은 조금 더 자유로워 보인다. 특별히 규모가 크지 않은 매장을 가진 사장님들은 크게 발표를 하거나 회의를 주관할 일이 없다. 하지만 한 가지 간과한 게 있다. 바로 그것은 이들이 속한 사회적 모임이다.

　정호 씨는 초등학교 때 책을 읽다가 친구들과 선생님에게 망신을 당한 이후로 발표와는 철저하게 담을 쌓고 지냈다. 그는 취직하는 대신 자영업을 하며 열심히 살아왔다. 활발하게 사회생활을 하는 대신 화목한 가정에서 행복을 느끼고, 가끔씩 고향에 내려가서 오래된 친구들과 교류하며 지냈다. 그런데 동창회가 문제였다. 돌아가면서 회장 직을 수행하던 터라 친구들은 우직한 정호 씨를 몇 번이나 회장으로 추대하려 했지만, 연설이나 발표를 할 생각에 너무도 두려워 매번 사양했다. 하지만 한 달 전 술김에 동창회장 직을 수락한 이후로 불안과 답답함에 잠을 이룰 수가 없었다. 그때부터 인터넷을 검색하며 방법을 모색하기 시작했다.

그러다 우연히 알게 된 본 프로그램에 참여하였고, 역시 처음에는 합리적 의구심을 가졌다. 하지만 시간이 지날수록 그의 눈빛은 점점 변했다. 마지막 5주차에는 금방이라도 출마할 것 같은 멋진 연설을 하며 마무리했다.

그게 끝이 아니었다. 변화는 발표불안뿐만이 아니라 삶에 대한 그의 태도까지 바꿔놓았다. 발표가 불안해 매번 피했지만, 이번 기회를 통해 무대공포증을 극복한 이후 '할 수 있다'는 자신감이 회복되었고, 매사에 적극성을 지니게 되었다. 그는 새벽 일찍 일어나 운동을 시작하고, 가게에서 짬을 내어 배웠던 것을 복습하고, 퇴근 후에는 가상으로 여러 단체의 회장이 되어 거울 앞에서 발표를 하면서 즐겁게 지내고 있다고 했다.

놀랍지 않은가. 이렇듯 무대를 바라보는 시선이 바뀌면 삶을 대하는 태도도 변한다.

5. 법정에 서기가 두려운 변호사

44세 여성 / 변호사

누구나 떨린다. 대중 앞에서 이야기를 하는 것이 직업인 사람들도 발표 직전의 긴장과 불안을 느낀다. 이성과 논리로 무장하여 불안과는 거리가 멀게 느껴지는 의사·변호사·교수들도 마찬가지다. 지역의 수재였던 영지 씨는 학창 시절에는 발표불안과 거리가 멀었다. 그녀는 언제나 자신감이 넘치고 남들 앞에서 동료들을 이끄는 성격이었다. 언제나 그녀가 1등이었기 때문에 두려울 것이 없었다. 하지만 사법고시에 합격하고 연수원 생활이 시작되면서 새로운 감정을 경험하기 시작했다. 자신보다 더 뛰어나고 똑똑한 동료나 선배들이 너무 많았고, 그들 앞에서 이야기를 하는 것이 부끄럽고 긴장되기 시작했다. 연수원을 마치고 변호사 생활을 시작했지만, 이상하게도 자신보다 경험이 많은 변호사와 판사 앞에서는 자신감이 없어지고 떨렸다.

특히 법정의 최후 변론은 그녀의 불안을 극대화시켰다. 떨리는 목소리, 짧아지는 호흡 등으로 변론을 이어가기 힘들었고, 의뢰인·배심원·판사·검사가 자신을 어떻게 볼까 하는 생각들이 머릿속을 가득 채

웠다.

그녀는 개인 사정상 2주차 프로그램부터 수강하였다. 사실 총 5주 과정이었기 때문에 한 주 빠진 것때문에 우리 모두 약간 걱정을 하였다. 그녀는 2주차의 발표에서 긴장과 불안을 드러냈지만, 곧 흐름을 찾으며 극복의 물결을 탔다. 호흡 불안정의 신체 반응이 자신의 생각보다 크게 중요하지 않음을 깨달았고, 독심술의 인지왜곡 등을 교정했다. 마지막 5주차 발표에서는 모의 법정을 개최하여 멋진 최후 변론으로 모두의 기립 박수를 받았다.

현재 그녀는 법정에서 맹활약 중이다.

6. 승진하기 싫은 직장인
54세 남성 / 대학교 직원

"아무래도 공황장애인 것 같아요."

"회의를 하거나 후배들을 교육하는 자리에만 서면 숨이 안 쉬어지고, 어지럽습니다."

50대 직장인 태민 씨는 자신의 증상이 공황장애라고 생각했다. 남들 앞에 나서거나 주도하는 성격이 아니었지만, 차분하고 꼼꼼한 편이었기 때문에 안정된 업무 처리를 인정받아 최근에는 관리자로 승진했다. 하지만 문제는 이때부터 시작되었다. 관리자가 된 이후로는 자신의 업무를 넘어서 많은 회의를 주관하고, 직원을 독려해야 하는 상황이 되었다. 주목받는 상황을 피할 수 없다는 스트레스로 인해 긴장과 불안의 신체 증상은 더욱 심해졌다. 스피치 학원도 다녀보고, 많은 스킬을 익히고 연습을 하였지만, 호전이 없음에 실망하게 되었다.

자신이 공황장애가 아니라 다른 사람의 이목이 집중되는 순간 떨리는 신체 반응이 극대화되는 무대공포증이라는 것을 알게 되었다. 프로그램에 참여하여 불안에 대한 심리교육을 시행했고, 합리적 생각 바꾸기 과정을 차근차근 해나갔다. 피드백 중에 자신이 콤플렉스라고 생각하는 떨리는 목소리가 실제로 다른 사람들이 인지할 정도도 아니며, 오히려 목소리가 신뢰감을 줄 수 있다는 피드백을 받았다. 이러한 과정을 통해 신체 증상에 대한 왜곡된 해석과 자신의 인지왜곡을 깨닫게 되었다. 불안이 많이 줄어들고, 자신감이 넘치는 모습으로 변화된 모습에 직장 내 평판은 더욱 좋아졌다. 요즘 그 덕분에 더 많은 업무를 맡게 되었다고 즐거운 비명을 질렀다.

그는 발표불안을 극복하여 자신의 역량을 충분히 발휘하게 됨으로써 직장 내에서 더욱 인정받게 되었다. 이처럼 불안으로 인해 자신의 실력을 제대로 드러내지 못하는 분들은 감정의 조절만으로도 자신의 원래 실력을 충분히 발휘할 수 있다. 요즘 태민 씨는 바쁘다. 여기 저기서 함께 일하고 싶어하는 사람들이 넘쳐나고, 심지어 그가 전파한 불안 극복 스토리로 주변에서 발표 동호회를 조직하자는 제의가 들어온다는 후문이다.

7. 바이올린이 좋아 시작했던 여중생, 이제는 무대가 두렵다
28세 여성 / 바이올린 전공 / 음대 졸업 이후 오디션을 준비하는 음악인

유선 씨는 남들보다 늦게 음악을 시작한 편이다. 이런 조건으로 인해 항상 친구들에 비해 경험이나 실력이 부족하다는 생각에 위축될 때가 많았다. 그들과 함께 무대에 서면 비교당하고 부정적인 평가를 받을까봐 너무 두려웠다. 특히 음악을 전공하는 사람 사이의 평판에 민감했고, 실력도 부족한데 실수까지 하면 모든 사람이 무시할 것이라는 인지적 오류를 가지고 있었다. 자신의 실수를 동료들이 눈치챌까봐 걱정하는 것이 힘들고, 떨리는 신체 증상이 부각되는 느린 곡 연주가 매우 힘들었다.

음대에 입학한 이후 인데놀에 대해 알게 되었고, 공연이 아닌 수업 시간이나 연습 시간에도 약에 의존하게 되었다. 약을 많이 먹을수록 덜 긴장하는 효과를 낼 것이라는 잘못된 믿음으로 한 번에 10알 넘게 복용하고 기억을 잃은 적도 있었다. 무대공포증으로 인해 1년간 휴학을 하기도 하고, 최면치료나 정신과 치료를 받아보기도 했지만, 그녀에게 약 없이 연주를 하는 것은 불가능에 가까운 일이었다. 이번에 무대공

실제 수행했던 프로그램

회기	주제
1	자신의 상태 진단 및 계획
2	무대공포증에 대한 심리 교육 & 불안의 3요소
3	자동사고 찾기: 무대에서 자신의 생각 인식하기
4	합리적 생각으로 바꾸기
5	실수해도 계속 해보기(완벽주의 버리기)
6	감정의 오답노트 & 멘털 리허설
7	공연 전 코칭
8	공연 후 점검 및 비디오 피드백
9	오디션 직전 멘털 리허설 & 이완요법
10	마무리

포증을 극복하지 못하면 음악을 그만둬야겠다는 생각으로 필자를 찾아왔다.

먼저 심리교육으로 무대공포증에서 느끼는 신체적, 인지적, 행동적 불안에 대해서 정확히 알고, 불안을 없애는 것이 목표가 아니라 적절히 조절하여 수행능력을 최대치로 발휘하는 것을 목표로 설정하였다. 특히 무대에 오르거나 연주를 할 때 떠오르는 자동사고와 인지적 오류를 찾고, 인지 재구성을 통해 부정적 인지를 교정하였다.

레슨에서 활을 떨면 남들이 나를 비웃고 무시할 것이다.

(음악적 자존감이 떨어질 것이다) ⇨ 불안 8점

유선 씨의 인지 재구성: 긴장하면 활을 떨 수 있다. 그렇다고 절망적인 건 아니다. 불안 7점으로 큰 변화 없었음. (바뀐 생각을 완벽히 믿지 않음)

필자와 함께한 인지 재구성: 누구나 긴장하면 활이 조금 떨릴 수 있는데, 이 때문에 선생님이 나의 음악 실력을 무시하지 않을 것이다. 그리고 오히려 선생님 앞에서 실수를 하면 취약한 부분을 잘 알 수 있고, 실력향상의 기회로 삼을 수 있다. ⇨ 불안 2점

목표로 했던 연주가 1주일 남은 시점부터는 떨거나 실수하는 것보다 정확성과 표현력에 집중하도록 목표를 재설정하였다. 계속 불안과 함께 연주하는 것을 연습했다.

오디션에 합격했냐고? 아쉽게도 합격하지 못했다. 하지만 중요한 것은 고등학교 졸업 이후 처음으로 인데놀을 복용하지 않고 무대에 올랐

다는 점이다. 이전과는 달리 막연한 위로가 아니라 인지 재구성을 통해 감정이 조절됨을 경험하였고, 앞으로 불안을 조절하기 위해 어떻게 연습해야 할지 알게 되었다고 고마워했다.

　사실 그렇다. 불안은 한 번에 없애는 것이 아니다. 유선 씨와 설정한 첫 번째 목표는 오디션의 합격이라는 우리가 통제할 수 없는 목표가 아니라, 무대에서 불안을 조절해 자신의 능력을 최대로 발휘해보는 것이었다. 유선 씨는 연습이든 무대에서든 약을 먹지 않고도 공연을 할 수 있는 자신감이 생겼고, 더 나아가 세상을 바라보는 스키마도 긍정적으로 변해 삶이 즐겁고 행복하다고 했다.

불안은 나의 힘

"정말 안 떨 수 있나요?"

'발표불안'으로 고민하는 분들의 단골 질문 중 하나다. 우리의 최종 목표는 '불안'을 없애는 것이 아니다. 불안이라는 감정이 없다면 위험을 제대로 인식하지 못해 생존에 불리할 수도 있고, 어떤 일을 할 때 좋은 결과를 낼 수도 없다. 불안이 너무 심해서 능력을 제대로 발휘하지 못하는 상황에서 벗어나려면 먼저 불안을 이해해야 한다. 정신의학적, 심리학적으로 불안을 제대로 이해해야 변화를 이끌 수 있으며, 이것이 정신과 의사인 필자가 병원 밖으로 잠시 나온 이유이기도 하다.

불안은 MSG와 비슷한 기능을 한다. 너무 과하면 음식 본연의 맛을 망칠 수 있지만, 적절하게 들어가면 맛있는 음식이 되기도 한다. 발표를 앞두고 불안해하지 않다면 준비를 철저히 할 수도, 최상의 결과를 내지도 못할 것이다. 필자의 경우에도 발표불안은 지금까지 성장의 원동력이 되었고, 앞으로도 발전의 에너지로 작용할 것이라고 확신한다. 이처럼 조절이 가능할 정도의 '불안'은 어떤 학습이나 일의 성공에 중요한 요소로 작용한다.

필자가 만나본 발표불안과 무대공포증을 가진 분들은 자신의 분야에서 정말 뛰어난 분들이 많았다. 다소 꼼꼼하고 완벽주의적인 경향이 불안을 만들어냈지만, 역설적으로 그 불안으로 인해서 각자의 분야에서 인정을 받을 만한 성과를 냈던 것이다. 주위에서는 일도 잘하고 완벽해 보이는 그들이 남몰래 무대공포증으로 고민하고 있다는 사실을 눈치채지 못한다. 오히려 그래서 더 고통스럽다. 불안을 조절할 수 있다면 자신의 능력을 제대로 발휘해서 더 성장할 수 있는 원동력이 있는 분들이다.

이 책을 읽고 있는 여러분도 마찬가지일 것이다. 이 책을 다 읽은 후에 여러분도 불안과 함께 무대에 서길 소망한다. 여러분의 목표가 떨지 않고 발표를 하거나 무대에 오르는 것이 아니라, 자신이 가진 '불안의 에너지'를 최대한 활용하는 방법을 배우는 것이면 좋겠다.

무대를 앞두고 가슴이 쿵쾅거린다면 그것은 실패를 알리는 신호가 아니라, 여러분의 심장이 슈퍼카의 엔진처럼 빠르게 달릴 준비를 하고 있는 것이다.

여러분도 그 힘을 한번 제대로 써보자. 불안이 원래부터 나의 힘이었던 것처럼.

참고 도서

그것이 뇌다, 대니얼 G. 에이멘, 안한숙 역, 브레인월드, 2008. 08. 20

내 안의 겁쟁이 길들이기, 이름트라우트 타르, 배인섭 역, 유아이북스, 2012. 09. 25

뇌는 늙지 않는다, 대니얼 G. 에이멘, 윤미나 역, 브레인월드, 2015. 02. 03

두려움 없이 말하기, 크리스티안 퓌트예르 · 우베 슈니어르다, 윤진희 역, 한문화, 2004.
  08. 19

떨지 않고 말 잘하는 법, 이진희 · 송원섭, 심플라이프, 2016. 08. 10

마음에서 빠져나와 삶 속으로 들어가라, Steven C. Hayes · SPENCER SMITH, 민병배 ·
  문현미 역, 학지사, 2010. 01. 15

마음의 증상과 징후, Andrew Sims, 김용식 역, 중앙문화사, 2009. 02. 13

마음챙김 명상에 기초한 인지치료, Z.V.SEGAL · J.M.G. Williams · J.D. Teasdale, 이우경
  역, 학지사, 2006. 10. 30

모멸감, 굴욕과 존엄 감정의 사회학, 김찬호, 문학과지성사, 2014. 03. 19

몰입-인생을 바꾸는 자기혁명, 황농문, 랜덤하우스코리아, 2007. 12. 10

바꿀 수 있는 것과 바꿀 수 없는 것, 최영희, 메타미디어, 2008. 3

분석심리학, 이부영, 일조각, 2011. 07. 15

불안, 그 두 얼굴의 심리학, 보르빈 반델로브, 한경희 역, 뿌리와이파리, 2008. 12. 15

불안, 알랭 드 보통, 정영목 역, 은행나무, 2011. 12. 28

불안: 불안과 공포의 뇌과학, 조지프 르두, 임지원 역, 인벤션, 2017. 08. 25

불안에 대한 거의 모든 것, 유상우, 소울메이트, 2015. 10. 16

불안이라는 자극, 크리스 코트먼 · 해롤드 시니츠키 · 로리-앤 오코너, 곽성혜 역, 유노북
  스, 2015. 09. 03

사회공포증의 이해와 극복하는 방법, 프랭클린 쉬넬러, 오동재 역, 하나의학사, 2001. 04. 10

새로운 나를 여는 열쇠, 제프리 E. 영 · 자넷 S. 클로스코, 최영민 · 김봉석 · 이동우 역, 열

음사, 2009. 01. 23

성격의 재발견, 이사벨 브릭스 마이어스, 정명진 역, 부글북스, 2008. 04. 25

성격의 탄생, 대니얼 네틀, 김상우 역, 와이즈북, 2009. 12. 10

세로토닌 하라, 이시형, 중앙북스, 2010. 07. 15

수치심의 치유, 존 브래드쇼, 김홍찬 역, 한국기독교상담연구원, 2002. 05. 30

슈퍼 유전자, 디팩 초프라 · 루돌프 탄지, 김보은 역, 한문화, 2017. 09. 22

스트레스(stress), 로버트 새폴스키, 이지윤 · 이재담 역, 사이언스북스, 2008. 11. 28

스트레스는 어떻게 삶을 이롭게 하는가?, 우르스 빌만, 장혜경 역, 심심, 2017. 09. 28

심리학이 서른 살에게 답하다, 김혜남, 걷는나무, 2009. 05. 11

아들러의 감정수업, 게리 D. 맥케이 · 돈 딩크마이어, 김유광 역, 시목, 2017. 09. 14

인지행동치료, J. H. WRIGHT · M. R. BASCO · M. E. THASE, 김정민 역, 학지사, 2009.
  09. 25

장기역동정신치료의 이해, Glen O. Gabbard, 노경선 · 김창기 역, 학지사, 2007. 11. 20

친밀함, 이무석, 비전과리더십, 2007. 10. 25

파워풀워킹메모리, 트레이시 앨러웨이 · 로스 앨러웨이, 이충호 역, 문학동네, 2014. 05. 21

프로이트라면 어떻게 할까, 세라 톰리, 황선영 역, 시그마북스, 2017. 10. 10

프로이트의 의자, 정도언, 인플루엔셜, 2016. 11. 15

필링 굿, 데이비드 번스, 차익종 · 이미옥 역, 아름드리미디어, 2011. 03. 31

하버드 행동 심리학, 웨이슈잉, 박영인 역, 에쎄, 2016. 02. 11

Performance Strategies for Musicians, David Buswell, MX Publishing, 2006. 01. 01

The Oxford Handbook of Philosophy and Psychiatry, KWM Fulford · Martin
  Davies · George Graham, OUP Oxford, 2013. 7. 4

참고 논문

이상민 & 안영태. (2009). 승무원의 정신과적 비행 부적합과 비행공포증. 항공우주의학회지, 19(2), 35–39.

조용래, 이민규, & 박상학. (1999). 한국판 발표불안척도의 신뢰도와 타당도에 관한 연구. Korean Journal of Clinical Psychology, 18(2), 165–178.

Drummond, P. D. & Gatt, S. J. (2018). Early Maladaptive Schemas in People with a Fear of Blushing. Clinical Psychologist, 22(2), 203–210.

Kenny, D. T., Davis, P., & Oates, J. (2004). Music Performance Anxiety and Occupational Stress amongst Opera Chorus Artists and Their Relationship with State and Trait Anxiety and Perfectionism. Journal of Anxiety Disorders, 18(6), 757–777.

Kenny, D., & Ackermann, B. (2015). Performance-related Musculoskeletal Pain, Depression and Music Performance Anxiety in Professional Orchestral Musicians: a Population Study. Psychology of Music, 43(1), 43–60.

Nikolić, M., Colonnesi, C., de Vente, W., Drummond, P., & Bögels, S. M. (2015). Blushing and Social Anxiety: A Meta-analysis. Clinical Psychology: Science and Practice, 22(2), 177–193.

Patston, T., & Osborne, M. S. (2016). The Developmental Features of Music Performance Anxiety and Perfectionism in School Age Music Students. Performance Enhancement & Health, 4(1–2), 42–49.

  평생 정신과 의사만 하며 살 줄 알았던 내가 '작가'가 되었다.

  이 책이 나오기까지 도움을 준 많은 분들께 감사를 표하고 싶다. 먼저, 연애 기간 내내 제대로 된 연애편지 한 통 못 받았지만, 작가가 되기로 결심한 남편을 이해해주고, 육아로 치열한 가정에서 '집필의 폭식'의 시간을 확보해준 나의 아내, 처음 집필을 시작할 당시에는 제대로 걷지도 못했지만, 어느새 세 돌을 앞둔 아들 쿵이, 글을 다듬는 동안 태어나서 이제는 방구석을 기어서 활보하는 콩이, 이외에도 초보 작가의 책의 구상부터 편집까지 조언을 아끼지 않았던 가족과 친구들 그리고 한 평생 아들이 잘 되기만을 기도하고 이제는 손자들의 육아를 위해 몸을 내던지고 계시는 나의 어머니 박 여사님께 감사드린다.

  그동안 나와 함께 무대공포증을 극복을 위해 노력했던 분들로 인해 이 책이 탄생할 수 있었다. 마지막으로 이 모든 분들과 독자 여러분께 감사드린다. 이 책으로 인해 여러분이 발표불안과 무대공포증을 극복해서 각자의 영역에서 잠재된 능력을 충분히 발휘하시길 기원한다.

  2019년 9월, 무대 뒤에서
  윤닥

나는 왜 남들 앞에만 서면 떨릴까?

초판 1쇄 발행_ 2019년 9월 20일
초판 4쇄 발행_ 2022년 7월 20일

지은이_ 윤닥(윤동욱)
펴낸이_ 이성수
편집장_ 황영선
편집_ 이경은, 이홍우, 이효주
마케팅_ 김현관
표지 디자인_ 여상우
본문 디자인_ 신솔

펴낸곳_ 올림
주소_ 07983 서울시 양천구 목동서로 77 현대월드타워 1719호
등록_ 2000년 3월 30일 (제2020-000185호)
전화_ 02-720-3131 | 팩스_ 02-6499-0898
이메일_ pom4u@naver.com
홈페이지_ http://cafe.naver.com/ollimbooks

ISBN 979-11-6262-025-0 03180

이 도서의 국립중앙도서관 출판예정도서목록(CIP)은 서지정보유통지원
시스템 홈페이지(http://seoji.nl.go.kr)와 국가자료종합목록 구축시스템
(http://kolis-net.nl.go.kr)에서 이용하실 수 있습니다.
(CIP제어번호 : CIP2019034237)